Félix Martel

Indications et Conseils pratiques à l'usage des Candidats aux Examens supérieurs

Librairie Ch. DELAGRAVE

INDICATIONS
ET
CONSEILS PRATIQUES

A L'USAGE
DES DÉBUTANTS ET DES CANDIDATS
AUX
EXAMENS SUPÉRIEURS DE L'ENSEIGNEMENT PRIMAIRE
(Inspection primaire, Direction des écoles normales, Professorat, etc.).

PAR
FÉLIX MARTEL
INSPECTEUR GÉNÉRAL DE L'INSTRUCTION PUBLIQUE

PARIS
LIBRAIRIE CH. DELAGRAVE
15, RUE SOUFFLOT, 15

PRÉFACE

Durant ces dix dernières années, la Revue pédagogique *a publié un certain nombre d'articles dus à la plume de M. l'inspecteur général Martel et destinés aux maîtres qui se préparent aux examens supérieurs de l'enseignement primaire, notamment au certificat d'aptitude à l'inspection des écoles primaires et à la direction des écoles normales, au professorat des écoles normales et des écoles primaires supérieures. Editeur de cette* Revue, *nous avons pu, au moyen des demandes qui nous parviennent, acquérir la certitude que ces articles ont été fort appréciés des candidats pour lesquels ils avaient été spécialement écrits. Plusieurs des numéros qui les contiennent étant aujourd'hui épuisés, nous avons cru faire œuvre utile en réunissant ces articles en un volume, dans lequel les aspirants trouveront de précieux renseignements et des conseils autorisés. Nous y avons joint plusieurs extraits de rapports officiels, adressés au ministre de l'instruction publique par M. Martel, à titre de président de jurys d'examens : dans ces rapports, à côté de remarques qui ne s'appliquent qu'à l'examen même à propos duquel ils ont été rédigés, on peut noter nombre d'observations critiques d'un intérêt général et permanent, dont les candidats tireront certainement profit.*

Une deuxième partie de ce volume contient une autre série d'articles pédagogiques, les uns concernant l'enseignement d'importantes matières comprises dans les programmes d'instruction générale, les autres se rapportant à des questions d'enseignement professionnel et technique, dont depuis longtemps M. Martel a été amené à s'occuper, en sa double qualité d'inspecteur général de l'instruction publique et d'inspecteur des écoles pratiques de commerce et d'industrie.

C. D.

PREMIÈRE PARTIE

CONSEILS AUX CANDIDATS

CONSEILS PRATIQUES POUR L'INSPECTION

D'UNE ÉCOLE PRIMAIRE

Ce n'est pas chose simple ni aisée que d'inspecter une école primaire : mille questions diverses sollicitent à la fois l'attention; aussi, parmi les inspecteurs qui ne sont pas encore rompus au métier, en trouve-t-on qui ne s'acquittent pas sans quelque embarras de cette partie essentielle de leurs fonctions. J'ai pu à plusieurs reprises en faire la remarque au cours de mes tournées. Il y a quelques mois, je visitais une école communale avec un inspecteur primaire, un débutant, il est vrai; je l'avais prié de procéder à son inspection ainsi qu'il avait coutume et comme si je ne l'accompagnais pas; et, dame! quelque bonne volonté qu'il y mît sans nul doute, il me parut qu'il y avait fort à redire : bien des détails lui avaient échappé, et, en vérité, l'inspection n'avait été qu'à moitié faite. Comme, en retournant avec lui au chef-lieu d'arrondissement, je le lui faisais observer, il m'avoua de bonne foi qu'il se rendait très bien compte de son inexpérience, que l'inspection lui semblait en effet une tâche délicate et complexe, et il ajouta qu'il me saurait gré de lui donner à cet égard quelques conseils. Le lendemain, pour satisfaire à son désir, je lui remettais une note écrite, qu'il ne sera pas sans intérêt peut-être de publier ici : d'autres inspecteurs, également novices et également embarrassés, pourront en tirer profit; elle pourra aussi être utile aux professeurs qui se préparent au certificat d'aptitude à l'inspection. Cette note n'est guère qu'une sorte de liste, de mémento des points auxquels l'inspecteur doit s'attacher, avec addition de quelques indications pratiques. Hors de là, la façon d'inspecter est, cela va sans dire, chose essentiellement individuelle : chacun agit alors suivant son caractère, son tempérament, ses idées, et il serait peu raisonnable de vouloir tracer à cet égard des règles absolues.

Ceci entendu, voici le texte de la note :

« Vous entrez dans une école primaire. Nous supposons d'abord qu'il s'agit d'une *école publique*.

« A peine avez-vous franchi le seuil de la maison que votre inspection commence. Un premier coup d'œil vous permet de juger de l'état, de la tenue et de la propreté d'une partie des locaux : entrée, cours, privés, vestibules, couloirs, escaliers. — Ne trouve-t-on pas, du fait des élèves, des inscriptions sur les murs? — Préoccupez-vous d'examiner s'il n'y a dans les environs de l'école aucun voisinage dangereux au point de vue de la morale ou de la salubrité.

« Vous pénétrez dans la salle de classe. Les élèves se lèvent en vous voyant. S'ils restaient assis, l'instituteur serait dans son tort : il doit habituer ses élèves à être polis et respectueux. Vous prendriez note de ce détail pour lui adresser à ce propos, avant de partir, une observation.

« Vous avez à vous préoccuper de l'*état du local* dans lequel est faite la classe (*éclairage, ventilation*) ; — de l'*état du matériel scolaire :* cartes, tableaux de système métrique : ne sont-ils pas déchirés? prend-on un soin suffisant de leur conservation ? — compendiums, musée scolaire : sont-ils en bon état? fait-on usage des objets qu'ils comprennent? Si tout est couvert de poussière, comme il arrive souvent, c'est que ces objets ne sont là que pour la montre. En ce qui concerne le musée, veiller à ce qu'il ne soit pas un ramassis de choses incohérentes, mais une collection méthodique d'objets bien choisis, en rapport avec le programme suivi pour l'enseignement scientifique élémentaire. — Assurez-vous que l'école est pourvue du matériel nécessaire à l'enseignement des matières accessoires, telles que travail manuel, dessin, etc.

« Rendez-vous compte de l'*état du mobilier*. Bancs et tables : ces meubles sont-ils en bon état? le modèle en est-il convenable? L'instituteur veille-t-il à ce que les bancs soient placés de manière que les enfants reçoivent la lumière latéralement, et, autant que possible, des deux côtés à la fois ou seulement du côté gauche? à ce que les enfants soient assis sur des bancs proportionnés à leur taille? Voir à ce propos si l'on a pris soin de munir l'école de bancs et de tables de dimensions différentes. — Tableaux noirs : ces tableaux sont-ils en nombre suffisant? sont-ils placés de façon à être assez éclairés? n'ont-ils de tableaux *noirs* que le nom? Il est facile de les faire repeindre, et, s'il n'y a pas de peintre dans la localité, l'instituteur peut les noircir lui-même au moyen d'encre appliquée en plusieurs couches successives avec un tampon d'ouate ou d'étoupe.

« Voyez de quels livres se servent les élèves. Ces livres sont-ils inscrits sur la liste départementale? Si des livres autres que ceux dont on fait usage vous semblent meilleurs, ayez soin de ne procéder, en vue d'un changement, que par voie de conseils, et non d'une manière impérative, l'instituteur étant libre, dans les conditions que les règlements déterminent, du choix des livres de classe. Évitez en tout cas un changement général et immédiat, à cause du trouble que cela occasionnerait dans la marche des études et des frais qui en résulteraient pour les familles. — Les livres des enfants sont-ils propres et en bon état? Tous les élèves sont-ils munis des ouvrages nécessaires? L'achat en est-il fait par les familles, ou par la municipalité pour tous les élèves, ou seulement pour les indigents? — Même question relativement aux fournitures scolaires : papier, cahiers, encre, plumes, ardoises, crayons, etc. Ces fournitures sont-elles faites aux enfants par l'instituteur? Le tableau des prix est-il affiché dans la salle de classe? Les fournitures sont-elles de bonne qualité? Le maître n'en fait-il pas faire une consommation exagérée? Voir notamment s'il ne laisse pas les élèves abandonner un cahier alors qu'il n'est qu'à moitié rempli.

« Existe-t-il un mode de communication entre l'école et la famille, notamment au moyen du carnet de correspondance?

« Faites-vous remettre les registres, d'abord le registre matricule et le registre d'appel. Vous devrez vous assurer de leur bonne tenue, les viser, en marquant la date de votre passage; voir si l'appel est fait et si les absences sont marquées régulièrement; examiner si l'instituteur ne reçoit pas, sans y avoir été autorisé, des élèves trop jeunes ou trop âgés. On peut contrôler les inscriptions portées au registre matricule au moyen des bulletins de naissance que l'instituteur doit conserver. Il doit également garder les certificats de vaccine et de revaccination de tous les élèves fréquentant l'école (Règlement scolaire modèle, art. 2, § 2).

« Vérifiez si le tableau d'emploi du temps et le règlement scolaire départemental sont affichés dans la salle de classe. Dans certains départements, on y affiche aussi les programmes officiels, avec la répartition ou mensuelle ou trimestrielle. Enfin on trouve fixée au mur, dans les écoles de certaines circonscriptions, la liste des morceaux de vers ou de prose que les enfants ont appris, et qu'ils doivent tous pouvoir réciter de mémoire. Voyez si le choix de ces morceaux est fait judicieusement, et pour le fond et pour la forme.

« Comparez avec les dimensions de la salle le nombre des élèves qui y sont reçus. Il ne faut pas tolérer que des enfants soient, comme on le constate parfois, entassés, pressés dans un local trop étroit, en violation des règles les plus élémentaires de l'hygiène. Les moyens à employer pour remédier au mal varieront suivant les situations. Si l'école comprend plusieurs classes, peut-être pourra-t-on trouver dans une autre salle des places disponibles. Dans le cas contraire, des mesures devront être étudiées de concert avec la municipalité, en vue de l'agrandissement des locaux. Le moyen extrême consistera à renvoyer les élèves qui sont en trop : souvent d'autres écoles pourront les recevoir. Sans doute les familles ont le droit, quand plusieurs écoles existent dans la commune, de faire inscrire leurs enfants à celle qu'ils préfèrent, à moins cependant (la loi elle-même apporte à leur droit cette restriction) que cette école « ne compte déjà le nombre « maximum d'élèves autorisé par les règlements » (loi du 28 mars 1882, art. 7, § 2). Quand une mesure d'exclusion devra ainsi être prise pour raison d'hygiène, il va sans dire que c'est d'abord sur les enfants qui n'auraient pas encore ou qui n'auraient plus l'âge scolaire que l'exclusion devra porter.

« Une question fort importante, au point de vue pédagogique, doit attirer votre attention. Dans la classe où vous vous trouvez, comment les élèves sont-ils répartis ? N'y a-t-il pas excès de divisions et de subdivisions? Ce point doit être examiné avec soin, surtout dans les petites classes.

« Quand vous êtes entré en classe, un exercice avait lieu. Laissez continuer cet exercice en cours et ne vous substituez pas au maître que vous avez à juger. Consultez le tableau d'emploi du temps, qui a dû, au commencement de l'année scolaire, vous être soumis et que vous n'avez certainement approuvé qu'après vous être assuré qu'on avait, pour le dresser, tenu compte des prescriptions des règlements. Plus d'une fois, il vous arrivera de constater que l'exercice auquel vous assistez n'est pas du tout celui qu'indique le tableau d'emploi du temps pour le jour et l'heure auxquels votre inspection a lieu. Montrez-vous dans ce cas sévère envers l'instituteur, car vous pouvez alors être presque sûr que le maître à qui vous avez affaire en prend à son aise avec les programmes officiels et laisse de côté certaines matières qu'il ne se soucie pas d'enseigner. D'ailleurs, l'examen des cahiers et quelques questions posées aux enfants vous donneront à cet égard une entière certitude.

« En écoutant l'instituteur, voyez comment il *expose,* comment il *interroge,* comment il *surveille* et tient ses élèves. S'il y a plusieurs divisions, sait-il occuper à la fois tous les enfants et ne laisse-t-il pas un ou plusieurs groupes inactifs, faute de distribuer convenablement les matières d'enseignement ou de donner à ses leçons un caractère suffisamment collectif? Les enfants se tiennent-ils bien ? sont-ils attentifs? De quel système disciplinaire l'instituteur au besoin fait-il usage (récompenses et punitions)?

« Tout en suivant la leçon faite, il est possible de jeter les yeux sur quelques cahiers : cahiers journaliers, cahiers de devoirs mensuels, cahiers de roulement. Sont-ils propres et bien tenus? — Examiner si les sujets des devoirs sont bien choisis, s'ils sont en rapport avec l'âge et la force des enfants, si les devoirs sont corrigés convenablement, s'il y a concordance, quant aux devoirs portés à une même date sur les cahiers des différents élèves d'une même division; si ces devoirs sont faits de premier jet ou si ce sont des exercices mis au net. — Voir, spécialement pour le cahier de devoirs mesuels, si les devoirs sont faits dans l'ordre réglementaire, s'ils sont exactement corrigés, si le cahier porte la date de l'entrée de l'élève à l'école, le nom de l'élève, la date de chaque devoir. Il faut prendre au hasard cinq ou six cahiers d'élèves différents, car on ne peut songer à les voir tous, et, en outre, se faire remettre et examiner plus particulièrement les cahiers de deux ou trois élèves, également pris au hasard et pour lesquels on exige de l'instituteur, qui doit les conserver et les ranger méthodiquement, la série de *tous les cahiers* depuis que ces enfants fréquentent son école. On peut de la sorte suivre la vie scolaire de l'enfant et se rendre compte de ses progrès. Si vous jugez que, dans le peu de temps dont vous disposez, vous ne pouvez faire de ces cahiers qu'un examen rapide, superficiel, insuffisant, mettez-en de côté quelques-uns, que vous emporterez, et que vous renverrez sans trop tarder après les avoir parcourus à loisir. — Donne-t-on des devoirs à faire à la maison? Ces devoirs sont-ils corrigés par le maître?

« Quand l'instituteur a fait faire deux ou trois exercices différents suivant l'emploi du temps, l'heure est généralement venue d'envoyer les enfants en récréation. On peut profiter de la sortie pour un exercice de chant. — Voir si, avant de faire sortir les élèves, le maître prend soin de leur faire ranger dans leurs pupitres leurs cahiers et leurs livres; si la sortie se fait avec ordre; si, pendant la récréation, les élèves sont attentivement surveillés.

« Il est parfois utile à l'inspecteur, afin d'économiser du temps, de prendre quelques minutes sur la récréation pour passer la *revue des élèves* et s'assurer qu'ils sont propres, qu'aucun d'eux n'est atteint de maladies contagieuses apparentes. Cette revue est plus facile à faire dans la cour que dans la salle de classe. — On peut aussi, durant le temps consacré à la récréation, faire procéder par l'instituteur à quelques exercices de *gymnastique*. Voir si l'école est pourvue d'appareils et d'agrès : s'assurer de leur état.

« Dès que les enfants sont rentrés de la récréation, le moment est venu pour l'inspecteur de procéder à des *interrogations*, de préférence sur les matières de l'enseignement qui n'ont pas été traitées par l'instituteur pendant la première partie de la classe, à moins que l'inspecteur ne juge utile de reprendre une leçon qui lui a semblé mal faite. En ce cas, il doit agir avec tact, de façon à ne pas froisser l'instituteur et à ne pas compromettre l'autorité du maître vis-à-vis des élèves. — En questionnant deux ou trois élèves sur la grammaire, deux ou trois sur le calcul, deux ou trois sur l'histoire et ainsi de suite, et en faisant porter les questions sur les différents points du programme qui, à l'époque où l'on se trouve, doivent avoir été étudiés, on peut assez promptement se rendre compte du degré d'instruction. Si vous n'aviez pu examiner encore les cahiers, il vous serait possible d'en parcourir quelques-uns tout en interrogeant.

« Parmi les matières inscrites au programme, il y en a une sur laquelle les interrogations ne suffiront pas à vous renseigner comme il convient : je veux parler de la morale. Les réponses qui vous seront faites vous permettront de constater si les élèves ont compris et retenu ce que leur a appris leur maître ; elles ne vous prouveront pas qu'il a agi sur leur conscience, sur leur cœur. Or, comme le disait M. Jules Ferry dans sa lettre aux instituteurs à propos de l'enseignement moral : « Il « ne suffit pas que les élèves aient compris et retenu « les leçons, il faut surtout que leur caractère s'en « ressente : ce n'est pas dans l'école, c'est surtout « hors de l'école qu'on pourra juger ce qu'a valu « cet enseignement. » Ce n'est donc pas après une première inspection, c'est seulement au bout de quelque temps, quand vous connaîtrez mieux et l'instituteur et ses élèves, que vous serez édifié sur la valeur du maître en tant qu'éducateur. Il serait imprudent de vous faire trop vite, à cet égard, une opinion sur son compte.

« La classe terminée, assistez à la sortie des élèves : voyez si elle n'est pas désordonnée et bruyante.

« Les élèves partis, votre inspection n'est pas achevée encore. Il vous reste :

« 1° A vous occuper des *annexes de l'école :* caisses d'épargne scolaires, bibliothèques scolaires ou pédagogiques, cantines, cours d'adultes, dans les localités où ces annexes sont établies. Il y a lieu de viser les registres réglementaires (caisse, catalogues, registre des prêts, etc.).

« 2° A visiter les *logements des maîtres,* afin de vous assurer de leur état. Sont-ils suffisants ? n'y aura-t-il pas de réclamations à adresser à ce sujet à la mairie ? La tenue du logement peut donner d'ailleurs d'utiles indications sur le caractère et les habitudes du maître. Si vous inspectez une école de filles, bornez-vous à demander à l'institutrice si elle a quelque observation à vous soumettre, quelque demande à formuler à propos de son logement. — Quand un jardin est mis à la disposition de l'instituteur ou de l'institutrice, parcourez-le ; voyez comment il est tenu.

« 3° A communiquer au maître vos *observations* et les *instructions* dont il devra tenir compte. Ces observations ne doivent pas être faites en classe en présence des élèves, mais dans un entretien en tête-à-tête, la classe terminée. Elles porteront sur les différents points que vous avez notés au cours de votre inspection : elles peuvent avoir parfois pour objet la tenue du maître, sa manière d'être, sa conduite même, si des plaintes vous sont parvenues à ce sujet où que vous jugiez utile de lui donner quelques conseils.

« Au cours de votre entretien avec l'instituteur, inquiétez-vous de savoir comment il prépare ses classes. Tout maître soigneux doit avoir un carnet de préparation. Faites-vous présenter ce carnet, dont il faut recommander la tenue, sans prétendre d'ailleurs l'imposer, les règlements n'en faisant pas une obligation.

« Si l'école que vous avez inspectée renferme plusieurs classes, vous avez à examiner comment les élèves sont répartis entre les différents cours, comment le service est distribué entre les maîtres, quels rapports existent entre le directeur et ses subordonnés, et surtout quel système emploie le directeur pour surveiller et diriger le travail des adjoints. Tout instituteur placé à la tête d'une école et qui mérite le nom de *directeur* organise, à époques périodiques, soit chaque semaine, soit une fois par quinzaine, soit même tous les mois, des réunions dans lesquelles, en dehors des observations qu'il a pu adresser au jour le jour, il traite, de concert avec ses collaborateurs, toutes les questions intéressant la vie scolaire, de façon à mettre dans les efforts de chacun de l'ordre, de l'harmonie. A vous de veiller à ce que ces réunions aient lieu; à ce que, de cette manière ou d'une autre, *vos directeurs dirigent*. Vous aurez de la sorte *des écoles*, et non, comme il arrive trop souvent, *une série de classes* établies dans le même immeuble, mais sans lien, sans unité, chaque maître agissant à sa guise et suivant son train, sans aucun souci de ce que font à côté de lui ses collègues.

« A propos des entretiens que vous avez avec les instituteurs, une fois votre inspection terminée, quelques remarques peuvent être utiles. Il est bon de faire en présence du directeur les observations d'ordre purement pédagogique que vous avez à adresser aux adjoints, puisque c'est au directeur qu'il appartient de veiller à ce qu'ils s'y conforment. — Ne tombez pas dans le défaut de certains inspecteurs qui, avant de quitter l'école, font aux maîtres réunis une véritable conférence, abordant à la fois toutes les questions, s'écoutant parler et n'en finissant pas, si bien que, dans ce flot de paroles, les observations essentielles sont noyées et ne portent pas. Attachez-vous, pour chaque maître, aux points les plus saillants : contentez-vous de fixer d'une manière précise son attention sur ce qui vous a paru le plus défectueux et indiquez-lui nettement quels changements vous demandez qu'il apporte à sa façon d'enseigner. Lorsque, sur un point ou deux, vous aurez obtenu l'amélioration que vous désirez, une autre fois vous vous attaquerez à une autre question. — Qu'en outre des notes que vous aurez prises pour vous et sur votre calepin, il reste, dans l'école, une trace de votre inspection. A cet effet, écrivez, non sur un registre, mais sur une feuille volante que vous remettez à l'instituteur et dont il aura seul connaissance, un résumé clair et succinct de vos principales observations, et, la prochaine fois que vous reviendrez, faites-vous représenter cette note[1]. De la sorte, les instituteurs tiendront compte de vos indications et de vos conseils. Si vous ne prenez pas cette précaution, il est fort probable qu'une fois que vous serez parti les anciens errements persisteront, et votre action sera peu efficace. — En causant avec les maîtres, ne leur parlez pas seulement de ce qui, en classe, a laissé à désirer. Il est rare qu'il n'y ait pas eu quelques bonnes choses à noter. Montrez qu'elles ne vous ont pas échappé. Joignez l'éloge à la critique, chaque fois que vous en trouvez l'occasion. S'il faut redresser, corriger, il est bon aussi d'encourager. — Ne manquez pas d'interroger l'instituteur, avant de vous séparer de lui, pour savoir s'il n'a pas quelque demande à vous soumettre, quelque désir à exprimer. Qu'il voie que vous n'êtes pas moins soucieux de ses intérêts propres que de l'intérêt de ses élèves et de l'enseignement.

« Il peut se faire qu'à l'école que vous venez d'inspecter un pensionnat soit annexé. En ce cas vous avez à visiter les locaux affectés aux pensionnaires (dortoirs, lavabos, vestiaires, lingerie, infirmerie, réfectoires, salles d'études, etc.) et à vous enquérir du régime intérieur du pensionnat : heures de lever et de coucher, nature, qualité et quan-

1. Depuis le jour où nous publiions cet article (décembre 1891), l'usage du bulletin d'inspection, que nous conseillions, a été recommandé par l'administration. (Voir les deux circulaires ministérielles du 19 novembre 1892 et du 12 juin 1894).

tité des aliments, temps consacré aux études, aux récréations et aux exercices. Toutefois vous n'avez à faire cette inspection que dans les pensionnats annexés aux écoles de garçons. Quant aux internats de jeunes filles, vous savez que le soin de les inspecter doit être, aux termes de la loi, confié à des dames que délègue spécialement le ministre de l'instruction publique (loi du 30 octobre 1886, art. 9).

« Votre inspection se terminera utilement par une visite à l'hôtel de ville et par un entretien avec le maire pour entendre les observations qu'il peut avoir à vous communiquer et pour lui faire part des remarques, lui adresser les demandes que vous jugez nécessaires pour le bien de l'école. Il est rare, quand on a visité les écoles d'une commune, qu'on n'ait pas quelques desiderata à exprimer en ce qui concerne soit les locaux, soit le mobilier scolaire, soit le matériel d'enseignement, soit la situation du personnel, soit les annexes de l'école. Souvent, en voyant le maire, vous obtiendrez en quelques minutes ce que l'instituteur aura peut-être demandé en vain depuis plusieurs mois. Si au contraire vous partez sans vous être mis en rapport avec la municipalité, bien des fois on vous en saura mauvais gré, et les écoles n'y gagneront rien. — Il arrive dans certaines communes que le maire n'est rien moins que favorable aux écoles publiques. S'il en est ainsi, déposez au moins votre carte à la mairie; il est toujours bon de respecter les convenances.

« Pour faire une inspection en suivant les indications qui viennent d'être données, un temps assez long est nécessaire : ce temps, il faut le prendre. J'ai connu un inspecteur dont la circonscription était assez chargée, et qui pourtant se flattait de voir chaque année toutes ses écoles. C'était vrai : il les *voyait* toutes, il n'en *inspectait* aucune : à peine passait-il en moyenne une demi-heure dans chaque classe. Que pouvait-il faire d'utile en si peu de temps, et à quoi bon cette course annuelle à travers les communes? Mieux vaut, si vous ne pouvez pas, faute de crédits ou faute de temps, vous rendre chaque année dans toutes les localités, ne voir qu'une partie de vos écoles, mais inspecter sérieusement celles qui reçoivent votre visite. Il va sans dire d'ailleurs que, si vous êtes depuis quelque temps à la tête d'une circonscription, vous pourrez sans inconvénient procéder plus vivement à l'égard des instituteurs que vous aurez vus et revus et que vous connaissez, surtout quand il s'agit des bons maîtres. Naturellement vous porterez alors votre attention d'une manière plus spéciale sur ceux qui débutent ou qui ont le plus besoin d'être dirigés et surveillés.

« Vous n'avez pas dans votre circonscription que des écoles publiques; il y existe quelques *écoles privées*. A l'égard de ces établissements, vos droits d'inspecteur sont notablement moins étendus : il est important d'en bien connaître les limites et de ne les point dépasser.

« Dans les écoles privées, vous devez d'abord

vous assurer que tous les maîtres qui y exercent, soit comme directeurs, soit comme adjoints chargés de classe, satisfont aux prescriptions contenues dans les articles 4 à 7 de la loi du 30 octobre 1886 et qu'ils sont, au point de vue de la possession des titres de capacité, dans les conditions requises par la loi du 16 juin 1881. Vous avez le droit, et même, en cas de doute, le devoir d'exiger la production du titre même en vertu duquel ces personnes exercent (circ. du 22 avril 1882). Faites-vous toujours représenter le registre que doit tenir le directeur et sur lequel doivent être inscrits les noms, prénoms, les dates et le lieu de naissance des maîtres et employés, l'indication des emplois qu'ils occupaient précédemment et des lieux où ils ont résidé, ainsi que la date des brevets et des diplômes dont ils seraient pourvus (décret du 18 janvier 1887, art. 168).

« Vous avez à vérifier si, pour l'admission des enfants, le directeur se conforme aux règles tracées dans l'article 36, §§ 2 et 3, de la loi du 30 octobre 1886, et dans le décret du 14 février 1891, qui a modifié la rédaction du dernier paragraphe de l'article 158 du décret du 18 janvier 1887.

« Votre inspection, dans une école privée, doit en outre porter, aux termes de la loi (loi du 30 octobre 1886, art. 9) :

« 1° Sur la moralité. — Vous avez à rechercher si l'école est placée dans des conditions telles qu'il n'y ait dans le voisinage rien de dangereux pour la moralité des enfants; si les personnes employées dans l'établissement à un titre quelconque présentent moralement toutes les garanties désirables; si les bonnes mœurs sont respectées, tant de la part de ces personnes que de la part des élèves. Une circulaire du 10 mai 1851 portait que les inspecteurs, s'ils avaient des motifs de soupçonner des désordres, pourraient interroger les maîtres et surveillants, ainsi que les élèves, pour s'éclairer sur le véritable état des choses, et de plus, soit par eux-mêmes, soit avec le concours du conseil départemental, employer les moyens d'information, et, au besoin, prendre les mesures de répression prévus par la loi. Les prescriptions de cette ancienne circulaire peuvent encore être utilement consultées aujourd'hui pour l'inspection des écoles privées.

« 2° Sur la salubrité et l'hygiène. — L'inspecteur a pour devoir d'examiner si, auprès de l'école, il n'existe pas d'établissements insalubres ou si quelque autre cause, telle, par exemple, que la proximité d'un cimetière, d'un égout, d'une rue mal tenue et malpropre, n'a point pour effet de corrompre la pureté de l'air et de nuire à la santé des enfants. Dans l'école, il peut visiter toutes les parties de l'établissement destinées aux élèves, sauf les locaux affectés aux pensionnaires dans les internats de jeunes filles; il lui appartient de s'assurer que les classes sont suffisamment spacieuses et saines, que les cours et autres dépendances sont convenables, que le système d'éclairage et de ventilation ne laisse pas à désirer. Dans les pensionnats de jeunes gens, il doit voir si le réfectoire est suffisant, si les dortoirs sont bien aérés, si leurs dimensions sont en rapport avec le nombre des élèves internes (15 mètres cubes d'air par élève), si l'on prend soin de les éclairer et de les surveiller pendant la nuit. C'est au conseil départemental à déterminer combien d'internes peuvent être reçus dans le pensionnat. Mention du nombre fixé par le conseil est portée sur le plan du local que le directeur doit avoir entre les mains, et qu'il est tenu de représenter aux inspecteurs chaque fois qu'il en est requis.

« Les noms, prénoms, le lieu et la date de la naissance des élèves pensionnaires, la date de leur entrée et de leur sortie, doivent être portés sur le registre spécial dont il est fait mention à l'article 175 du décret du 18 janvier 1887.

« L'inspecteur doit veiller à ce qu'aucun pensionnat ne soit annexé à une école primaire privée qui recevrait des enfants des deux sexes. — A-t-il dans un pensionnat privé à s'occuper du régime alimentaire? L'affirmative n'est pas douteuse. Seulement les auteurs de la circulaire du 10 mai 1851 recommandaient sagement à l'inspecteur de ne pas oublier à ce propos « la réserve et les ménagements que « l'on doit mettre dans ce genre de recherches, au- « tant pour maintenir la considération des chefs de « l'établissement, que pour éviter de provoquer, de « la part des élèves, des critiques et des plaintes « trop faciles quelquefois à se produire ».

« Si, pour toutes ces questions ayant trait à la salubrité, des irrégularités, des abus, ou, plus simplement, un état de choses défectueux était constaté, l'inspecteur primaire devrait inviter le directeur à prendre les mesures nécessaires, et, si le directeur n'en faisait rien ou qu'il ne pût pas remédier au mal, il signalerait par un rapport la situation à l'inspecteur d'Académie.

« 3° Sur l'exécution des obligations imposées aux écoles privées par la loi du 28 mars 1882 : tenue d'un registre d'appel; constatation, pour chaque classe, de l'absence des élèves inscrits; envoi au maire et à l'inspecteur primaire, à la fin de chaque mois, d'un extrait de ce registre, avec l'indication du nombre des absences et des motifs invoqués (art. 10).

« 4° Sur le caractère de l'enseignement, mais seulement pour vérifier s'il n'est pas contraire à la morale, à la constitution et aux lois. Les directeurs et directrices d'écoles primaires privées restant entièrement libres dans le choix des méthodes, des programmes et des livres (loi du 30 octobre 1886, art. 35), les autorités chargées de l'inspection ou de la surveillance n'ont pas à s'immiscer dans le régime pédagogique de ces établissements, ni pour les matières enseignées, ni pour les procédés employés, ni pour l'organisation générale des classes. Leur mission étant ainsi limitativement déterminée, comment l'accompliront-ils? D'abord ils se feront présenter les livres à l'usage des élèves. Il est dit dans le décret du 18 janvier 1887 (art. 167) que, si l'inspecteur trouve l'instituteur en contravention par suite de l'emploi d'un livre interdit conformément à l'article 5 de la loi du 27 février 1880, ce livre pourra être saisi, que procès-verbal sera dressé et que le livre saisi sera joint à ce procès-verbal[1]. Il pourrait arriver que l'inspecteur trouvât entre les mains des enfants un livre dont le contenu lui parût tel qu'il y eût lieu, à son avis, d'en provoquer l'interdiction. En pareil cas, aucun texte ne lui attribue le droit de saisie; mais il lui est loisible de réunir toutes les indications de nature à établir nettement de quel ouvrage il s'agit : titre du livre, format, nombre de pages, nom de l'éditeur, lieu et date de la publication; de noter les passages qui ont attiré son attention et d'adresser à ce sujet un rapport à l'inspecteur d'Académie, qui donnera à l'affaire telle suite que de droit.

« L'inspecteur se fera présenter, outre les livres, les cahiers des élèves. Il assistera aux leçons des maîtres. S'il voulait se rendre compte de la manière dont est enseignée telle ou telle matière comprise dans le programme de l'établissement, l'histoire par exemple, comme on n'est pas en droit d'imposer à l'instituteur la confection d'un tableau d'emploi du temps, ni d'exiger de lui qu'il fasse, sur cette matière, une leçon précisément au moment où l'inspecteur visite l'école, celui-ci n'a d'autre ressource que de s'enquérir du jour et de l'heure où cet enseignement spécial est donné aux élèves et de venir alors assister à la leçon qui l'in-

1. Quatre livres, à notre connaissance, ont été interdits, en vertu de l'article précité, dans les écoles publiques et privées de tout ordre. Ces livres sont : le catéchisme du diocèse d'Aix, édition de 1890 (arr. du 21 juillet 1892); les catéchismes du diocèse de Rennes avec supplément du 12 septembre 1891, et du diocèse de Luçon, édition de 1892 (arr. du 4 janvier 1893); *les Fleurs de l'histoire*, par Théophile Valentin (Toulouse, librairie Edouard Privat) (arr. du 19 août 1898).

téresse. Il faut bien avouer que, dans ces conditions, l'inspection est passablement illusoire.

« Dans une école privée, l'inspecteur peut-il interroger les élèves? En principe, non. S'il était désireux de poser quelques questions, il devrait s'assurer auparavant de l'assentiment du directeur; mais il peut prier l'instituteur d'interroger lui-même.

« Pour tout ce qui a trait à la façon d'enseigner, programmes, méthodes, procédés, si l'inspecteur primaire désapprouve ce qui est en pratique dans l'école privée, il ne peut, en vue des améliorations qu'il souhaiterait, agir que par voie de conseils; il n'a pas d'ordre à donner, le directeur étant (ce sont les expressions mêmes employées par le législateur) *entièrement libre*. »

Telle est la note que nous avons remise à notre jeune inspecteur pour le guider dans ses débuts. En dépit de sa longueur, cette note est-elle complète? Non. Il n'y est pas traité, comme on l'a certainement remarqué, du choix des méthodes et des procédés applicables à l'enseignement des diverses matières inscrites dans les programmes. Il s'en faut bien que, sur ce point, les avis soient unanimes : chacun a sa manière de voir, ses théories, ses préférences. Aucune règle absolue ne peut être établie, et c'est pourquoi nous avons à dessein laissé de côté cette question.

LES SUJETS DE LEÇONS

A L'EXAMEN DU CERTIFICAT D'APTITUDE A L'INSPECTION PRIMAIRE

ET A LA DIRECTION DES ÉCOLES NORMALES

Les professeurs qui ont l'intention de concourir pour obtenir le certificat d'aptitude à l'inspection primaire et à la direction des écoles normales nous sauront peut-être gré de leur donner, à titre de spécimens, communication d'un certain nombre de sujets que leurs devanciers ont eu à traiter devant le jury. Les uns ont trait à la pédagogie théorique et pratique, les autres à la législation et à l'administration scolaires.

PÉDAGOGIE THÉORIQUE ET PRATIQUE

1. De la sensibilité chez l'enfant. Quel parti un instituteur peut-il en tirer pour le développement intellectuel et moral d'un élève? Quels moyens emploiera-t-il pour cultiver cette faculté, et de quels excès devra-t-il se garder?
2. De la mémoire. Des exercices propres à la cultiver à l'école primaire. Dans quelles limites et pour quelles fins doit être cultivée cette faculté?
3. De l'éducation de la volonté chez l'enfant. Comment l'école peut-elle y contribuer?
4. L'instinct d'imitation chez l'enfant. Parti qu'on en peut tirer dans l'éducation pour le développement des diverses facultés. Mauvais effets qu'on en pourrait craindre et moyens de les prévenir.

5. Montrer que, dans l'enseignement, il faut considérer non seulement le savoir à communiquer, mais surtout l'éducation qu'en doit recevoir l'esprit de l'élève.
6. De l'enseignement de la morale à l'école primaire.
7. Dans une conférence d'instituteurs, à la suite d'une discussion sur les méthodes et les procédés d'enseignement, l'inspecteur démontre que ni la meilleure méthode ni le meilleur livre ne valent un bon maître.
8. De l'utilité des lectures personnelles; du choix à faire parmi ces lectures. Conseils pratiques aux instituteurs et aux institutrices pour les lectures destinées soit à compléter leur instruction professionnelle, soit à fortifier d'une manière générale leurs connaissances et leur culture intellectuelle.
9. L'office de l'inspecteur se réduit-il au contrôle? S'il s'étend plus loin, marquez la nature et les limites de l'action pédagogique de l'inspecteur primaire, et indiquez les meilleurs moyens de l'exercer.
10. De l'exercice de la composition française à l'école primaire; son importance. Choix des sujets : de la forme à leur donner suivant l'âge et le degré d'avancement des élèves.
11. Des exercices de lecture dans le cours moyen et dans le cours supérieur. Comment ces exercices doivent-ils être dirigés? Quels services peut-on en attendre?
12. Exposer un plan méthodique et raisonné de l'enseignement de la géographie à l'école primaire. Indiquer les différents procédés à employer selon les cours.
13. Des exercices d'observation : leur but et leur importance. Principaux exercices d'observation à introduire à l'école primaire.
14. De l'enseignement du travail manuel à l'école primaire. Dans quelle mesure cet enseignement peut-il être introduit et de quelle façon doit-il être organisé à l'école maternelle, à l'école élémentaire, à l'école supérieure?
15. De l'usage et de l'abus du livre, soit à l'école primaire, soit à l'école normale.
16. De l'usage du tableau noir pour l'enseignement de l'écriture, de l'orthographe, de la géographie et de l'histoire.

17. Un instituteur, chargé seul d'une école renfermant les trois cours, vous a envoyé son tableau d'emploi du temps pour le soumettre à votre approbation. Vous lui adressez, au sujet de la rédaction de ce tableau, vos observations et vos conseils.
18. Un inspecteur primaire explique au directeur d'une école primaire à trois classes, avec deux adjoints seulement, comment il peut former et diriger ses adjoints, sans négliger la classe dont il est personnellement chargé.
19. De la préparation des leçons : sa nécessité. Comment cette préparation doit-elle se faire? Moyens de constater qu'elle a été faite.
20. Un directeur d'école normale donne à un directeur d'école annexe des instructions détaillées sur les méthodes et les procédés à employer pour l'éducation professionnelle des élèves-maîtres.

LÉGISLATION ET ADMINISTRATION SCOLAIRES

1. Quelles sont les grandes lois qui régissent actuellement l'enseignement primaire en France? Les exposer dans leurs caractères généraux; en faire ressortir l'esprit, l'enchaînement et l'importance.
2. Des commissions scolaires : leur composition; leur caractère; nature et limite de leurs attributions.
3. Dans une conférence pédagogique, vous rappelez les principales causes pour lesquelles l'école n'est pas toujours bien assidûment suivie, et vous indiquez aux instituteurs ce qu'ils peuvent faire, sans recourir à la commission scolaire, pour assurer une meilleure fréquentation.
4. Énumérer les diverses catégories d'établissements d'instruction primaire existant d'après la législation actuelle. Faire ressortir les caractères particuliers de chacune d'elles. Rappeler sommairement les principales dispositions légales et réglementaires qui s'y rapportent.
5. Écoles primaires supérieures et cours complémentaires; — écoles professionnelles; — écoles manuelles d'apprentissage; — écoles pratiques d'industrie et de

commerce. Faire connaître l'état actuel de notre législation sur la matière[1].

6. Indiquer quelle part d'initiative, d'action et d'influence la législation scolaire en vigueur laisse, en matière d'enseignement primaire, aux administrations municipales.

7. Exposer les règles relatives aux créations d'écoles et d'emplois. Indiquer avec précision quel est en cette matière le rôle, quelles sont les attributions de l'inspecteur primaire.

8. Des peines disciplinaires que peuvent encourir les instituteurs publics, les instituteurs privés. Par quelles juridictions ces peines sont-elles prononcées ? Quelles sont les règles de la procédure à suivre en matière disciplinaire ?

9. Le conseil départemental tient de la loi et des règlements des attributions administratives, contentieuses et disciplinaires. Faire connaître les *attributions administratives* de ce conseil.

10. Rappeler et comparer les attributions du recteur, du préfet et de l'inspecteur d'Académie en matière d'enseignement primaire.

11. Tracer à l'avance le cadre ou le programme d'une visite d'inspection que vous avez à faire pour la première fois dans une école primaire à une seule classe. De quelle manière entendez-vous faire profiter l'instituteur de vos observations, et comment vous serviront-elles à vous-même de point de départ pour votre action et votre contrôle ultérieurs ?

12. L'épreuve de rédaction au certificat d'études primaires. Commenter, sous forme de conseils à des instituteurs, l'arrêté du 29 décembre 1891.

13. Un délégué cantonal vous a prié de lui faire connaître ses attributions réglementaires et de lui indiquer quels

1. On pourra lire sur cette question notre volume sur l'enseignement technique primaire intitulé *Où nous en sommes* (Paul Delaplane, 1889) et l'étude sur *les Écoles primaires supérieures et les écoles d'apprentissage*, que nous avons publiée en collaboration avec M. G. Ferrand (Delagrave 1889).

services il peut rendre dans les écoles. Vous répondez à sa demande.

14. Des pensionnats primaires publics et privés. Quelles sont les conditions d'admission et les formalités requises de ceux qui veulent diriger ces sortes d'établissements? Comment doit s'y exercer l'inspection?

15. Des cours d'adultes. Historique de l'institution; son état actuel. Dernières dispositions légales et réglementaires concernant les cours d'adultes. Indiquez votre opinion personnelle sur les perfectionnements dont ces cours sont susceptibles.

16. Dans une conférence aux instituteurs de votre circonscription, vous faites connaître les dispositions de la législation actuelle concernant les caisses des écoles. Vous y ajoutez des conseils pratiques sur l'organisation et le fonctionnement de ces caisses.

17. Les instituteurs d'un canton veulent créer une bibliothèque cantonale composée d'ouvrages pédagogiques plus spécialement destinés à leur usage, et d'ouvrages divers pour les familles de leurs communes et pour eux-mêmes. La bibliothèque dont il s'agit doit être circulante. L'inspecteur primaire en conférence donne tous les conseils nécessaires pour la création, l'organisation et le fonctionnement de cette bibliothèque.

18. Les traitements du personnel enseignant dans les diverses catégories d'écoles primaires d'après les lois et règlements en vigueur. Rapide comparaison avec le passé.

19. Deux élèves, reçus au concours d'admission à l'école normale, ont demandé l'autorisation de suivre les cours, l'un comme externe, l'autre comme demi-pensionnaire. Consulté sur la suite dont ces demandes vous paraissent susceptibles, vous donnez à cet égard votre avis motivé.

20. Le budget de l'école normale. Dispositions relatives à la préparation et au règlement de ce budget.

L'*ÉMILE* DE ROUSSEAU

JUGÉ PAR UN CONTEMPORAIN

Nous parcourions, il y a quelques jours, la *Correspondance littéraire* de Grimm. Dans cette chronique, adressée par Grimm à quelques princes allemands et à l'impératrice Catherine II, pour les tenir périodiquement au courant des événements littéraires et artistiques qui survenaient en France, on trouve, à la date de juillet 1762, quelques pages intéressantes sur l'*Émile* de Rousseau, qui avait paru depuis peu.

L'*Émile* est inscrit parmi les ouvrages qu'ont à étudier les aspirants et les aspirantes tant au professorat qu'à l'inspection : c'est, pour les maîtres de nos écoles normales, un de leurs livres de chevet. Il sera intéressant pour eux de connaître l'opinion d'un contemporain, d'un critique au goût délicat, sur le *Traité d'éducation* publié par le « citoyen de Genève ». Grimm est pour Rousseau, comme on va voir, un juge assez sévère :

M. Rousseau, voulant publier ses vues et ses idées sur l'éducation particulière et se choisissant un élève qu'il appelle Émile, il ne fallait point qu'il fît un ouvrage didactique rempli de règles, de principes, de maximes; il fallait en faire un ouvrage purement historique, c'est-à-dire qu'après avoir bien établi le caractère de son élève, il fallait nous faire l'histoire ou le roman de son éducation, sans jamais s'aviser de donner aucune de ses méthodes pour un principe ou une règle à suivre; car, lorsqu'on vient aux applications, tout n'est vrai qu'à un certain point, et ce qui convient merveilleusement à un tel sujet ferait un très mauvais effet sur un tel autre; ainsi il n'y a point de méthode à prescrire dans l'éducation particulière, qui varie autant qu'il y a d'élèves, et le ton didactique ne peut manquer d'être déplacé dans un pareil ouvrage. En revanche, il n'y a point de réplique contre les faits narrés historiquement sans préceptes et sans pédanterie, pourvu que vous ayez assez de génie pour établir une correspondance parfaite entre le caractère que vous avez donné à votre élève et la méthode que vous avez suivie dans son éducation, et qu'on voie clairement que votre méthode a produit les effets que vous lui attribuez.

. . . .

M. Rousseau, suivant son usage, a poussé beaucoup plus loin qu'aucun de ses prédécesseurs toutes les idées chimériques sur l'état de nature. Il soutient clairement qu'il n'y a point de perversité originelle dans le cœur de l'homme, que tous les premiers mouvements de la nature sont toujours droits. Il pourrait nous dire avec autant de vérité qu'il n'y a point d'arbres rabougris au monde, qu'ils poussent tous également beaux, droits et élevés, et que ce n'est que depuis que la culture s'en est mêlée qu'on voit des arbres bossus et contrefaits. Il pourrait dire encore que la laideur n'est pas dans la nature de l'homme comme la beauté, et que la première n'est qu'une suite de l'art de la toilette. Toutes ces propositions sont à peu près également philosophiques et vraies.

C'est pourtant sur ces fondements que M. Rousseau a établi son *Traité de l'éducation*. Il ne faut donc pas s'étonner si ses méthodes sont chimériques, ses moyens si peu conformes à la nature humaine, ses détails si remplis de faussetés, ses principes si peu féconds et si vagues. Quelle foule d'assertions hardies, gratuites, outrées et vides de sens! Elles ont toutes leur source dans cet homme idéal et faux que M. Rousseau s'est formé et qui n'a jamais existé. Il veut que la première éducation soit purement négative. Quand cela ne serait pas absolument impossible, cela n'en serait pas moins faux. L'analogie, que M. Rousseau emploie sans cesse pour s'assurer de l'existence des lois générales de la nature, vous prouve qu'il en est une qui ordonne singulièrement la première culture. Donnez à un arbre dans son premier âge une éducation purement négative, et vous le verrez bientôt étouffé sous des branches gourmandes sans nombre; son mal sera grand, à proportion que sa sève est forte et généreuse.

Ailleurs, M. Rousseau proscrit toute habitude, bonne ou mauvaise. Suivant son goût pour les antithèses, la seule bonne habitude, c'est de n'en prendre aucune: comme si un animal à habitudes, tel que l'homme, pouvait s'en préserver à son choix, et qu'il pût y avoir un enfant de douze ans, fût-il parvenu à cet âge hors de la société, au milieu des bois, qui n'en eût contracté une infinité! Le concours des objets extérieurs, le sort qui en résulte, nous forcent bien plus sûrement que nos maîtres à des habitudes inévitables, et le seul soin de ces derniers doit consister à nous faire prendre l'habitude de la vertu et de la droiture.

Dans un autre endroit, M. Rousseau soutient que les actions d'un enfant sont dépourvues de moralité. S'il a voulu dire qu'un enfant peut faire sans crime une action criminelle, il a exprimé d'une manière louche une idée commune: et un homme aussi peut être dans ce cas-là;

mais il est impossible de concevoir un être moral, à quelque âge qu'il soit, avec des actions sans moralité. Ce que tout le monde conçoit, c'est que la moralité des actions d'un enfant est différente de la moralité des actions d'un homme à l'âge de raison.

Dans le même endroit, il condamne l'émulation; il la confond exprès avec l'envie, avec la basse jalousie, pour pouvoir en dire du mal; il veut qu'on lui substitue la liberté bien réglée. Demandez-lui ce qu'il entend par cette liberté bien réglée ; je me trompe fort, ou il n'y attache jamais un sens raisonnable. « Ne parlez, dit-il, jamais à votre élève de devoir : la nécessité doit être son seul frein. » Mais faites-moi comprendre, Monsieur le gouverneur, comment on peut séparer ces deux idées et comment l'une est plus aisée à concevoir que l'autre. L'idée de la nécessité et de ses décrets irrévocables est une des plus philosophiques qu'il y ait ; elle paraît être réservée à l'âge de la sagesse. La jeunesse imprudente, la passion aveugle, se révoltent à cette idée, se heurtent étourdiment contre la loi inflexible de la nécessité, et vous voulez qu'un enfant s'y résigne, un enfant à qui vous refusez tout usage de raison, et qui n'a sûrement pas l'expérience des choses de la vie! Quelle extravagance!

Cependant c'est sur ces principes et autres semblables que M. Rousseau fonde les méthodes de son éducation, ou plutôt il n'y fonde rien, parce que la plupart de ses principes sont stériles, embarrassés, et ne produisent rien, en sorte qu'on n'aperçoit aucune véritable liaison entre eux et les méthodes qu'il indique. Il ne paraît les avoir établis que pour décrier les sentiments reçus, pour combattre des usages raisonnables. C'est ainsi qu'il nous fait le tableau le plus touchant de l'état de nature, qu'il nous ôte dans cet état jusqu'au germe du vice, afin de pouvoir nous reprocher dans notre condition actuelle tous nos maux, tous nos vices, comme notre ouvrage.

Par une suite de ce tour d'esprit, il ne veut point qu'on raisonne avec les enfants, et cela parce que le sage Locke le veut, et que c'est en effet le précepte le plus sensé de l'éducation. Mais comment prouve-t-il qu'il ne faut pas raisonner avec les enfants? C'est en prouvant que vous avez tort de leur inculquer vos propres raisonnements. Mais quand Locke veut que vous raisonniez avec vos enfants, apparemment qu'il ne vous conseille pas de substituer vos raisonnements aux leurs : il veut au contraire que vous vous mettiez à leur portée, que vous écoutiez leurs raisonnements, que vous vous gardiez bien de les corriger par les vôtres, mais que vous leur appreniez à les rectifier par leurs propres réflexions, que vous saurez bien faire naître sans pédanterie, si vous n'êtes pas sot vous-même. Il n'y a certainement dans tout l'ouvrage de M. Rousseau pas un principe qui vaille celui-là.

. . . .

Si vous voulez suivre avec exactitude toutes les assertions du citoyen de Genève, vous trouverez partout le défaut de naturel, de vérité et de philosophie, et vous finirez par vous persuader que cet éloquent écrivain ne connaît ni les attributs de la nature humaine, ni ceux de l'enfance, et que le défaut de mesure qui caractérise tous ses conseils les rend de nul usage, lors même qu'ils ont une sorte de vérité. Ainsi il dit qu'un des meilleurs préceptes de la bonne culture est de tout retarder, tant qu'il est possible. Il est vrai que, si vous précipitez trop vos soins, le fruit sera un avorton qui n'aura jamais son point de maturité; mais si vous retardez trop, le fruit sera pourri. Le vrai précepte de la bonne culture, c'est de ne rien trop précipiter ni trop retarder.

Il veut, quoi qu'il arrive, qu'on quitte toute occupation avant que l'élève s'ennuie; car, dit-il, il n'importe jamais autant qu'il apprenne, qu'il importe qu'il ne fasse rien malgré lui. C'est là une des conséquences de ce principe de la liberté dont on cherche en vain à pénétrer les effets et les résultats. M. Rousseau ne veut employer ni gêne ni contrainte avec son élève. Je croirais volontiers que nos gouvernantes ont tort de dire sans restriction qu'il faut rompre la tête aux enfants, et que c'est une grande affaire de déterminer à quel point on doit résister à l'opiniâtreté que les enfants ont coutume de montrer ; dans ces luttes, souvent l'âme se brise et perd sa fermeté et sa force en quittant l'entêtement, dont le chapitre est si long dans l'éducation populaire. Mais quelle imprudence n'y aurait-il pas d'accoutumer un être, assujetti de mille manières depuis l'instant de sa naissance jusqu'à sa mort à tant d'objets qui en disposent continuellement, de l'accoutumer, dis-je, à ne rien faire malgré lui, tandis qu'il doit passer ses jours sous le joug inévitable de la nécessité ?

Ces contradictions sont familières à M. Rousseau. Il les aperçoit quelquefois lui-même, et il s'en tire par une subtilité qui n'est rien moins que solide; mais il ne se reproche pas même les plus fortes. Il dit dans un endroit que les philosophes n'aiment tant le genre humain que pour se dispenser d'aimer personne, et dans un autre que pour empêcher la pitié de dégénérer en faiblesse, il faut la généraliser et l'étendre sur tout le genre humain. Il faut, ajoute-t-il, par raison, par amour pour nous, avoir pitié de notre espèce encore plus que de notre prochain. Avoir pitié de notre espèce ! Et cette pitié, que produira-t-elle ? Je défie qui que ce soit de donner à cette proposition une signification sensée. Qu'importe, après tout, qu'un auteur soit en contradiction avec lui-même ? C'est souvent le moyen de lui faire rencontrer le vrai une fois. Le pis est, dans un traité de morale, d'être toujours en contradiction avec la vérité et la simplicité des mouvements de la nature :

c'est se guinder l'esprit à une foule de paradoxes; le vrai génie est autre chose.

M. Rousseau veut que le travail de son élève soit prisé pour le travail même, et non parce qu'il est de lui : « Dites (ce sont ses paroles), dites de ce qui est bien fait: « Voilà qui est bien fait; » mais n'ajoutez point : « Qui est-ce qui a fait cela? » S'il dit lui-même d'un air fier et content de lui : « C'est moi qui l'ai fait, » ajoutez froidement : « Vous ou un autre, il n'importe; c'est toujours un ouvrage bien fait. » Voilà donc la proscription de la louange, cet aiguillon si sûr pour les âmes nobles. Quelle folie! « Quoi, disait l'autre jour une femme de mérite, lorsqu'il y a quelque chose de bien fait et que je découvre que c'est mon fils, à l'instant mes yeux se remplissent de larmes : suis-je donc une mère dénaturée en lui montrant les mouvements de mon âme? » Ah! laissez déraisonner les sophistes, et livrez-vous aux douces joies de la nature. Que votre fils sache au plus tôt combien il est doux de se concilier, par des actions honnêtes et généreuses, l'estime de ceux qu'il doit aimer et révérer toute sa vie.

Je n'irai pas plus loin. Dans tout ce que j'ai dit sur le *Traité de l'éducation*, je ne me suis pas arrêté à des extravagances dont tout le monde sent d'abord l'abus et l'égarement; je me suis arrêté à des principes qui en imposent par un côté philosophique. Je ne les ai point approfondis, je n'en ai dit qu'un mot; mais ce mot suffit, je crois, pour vous faire méditer avec fruit sur ces matières. Je ne dirai rien ni de la paraphrase des fables de La Fontaine, ni du dialogue sur la propriété, ni de l'apprentissage du métier de menuisier, ni des amours d'Emile et de Sophie, ni d'autres morceaux de cette force.

En général, tout ce livre est partagé en méthodes et en peintures. D'un côté, l'auteur enseigne ce qu'il faut faire; de l'autre, il prétend montrer les effets merveilleux de ses préceptes, en se livrant à des descriptions très pompeuses de tout ce qu'est devenu son Émile. Mais, comme je crois l'avoir déjà remarqué, il est fort aisé de dire : « Mon Émile est ceci, cela. » Il ne faut qu'un trait de plume pour lui donner les plus grandes, les plus belles qualités. Le tout était de nous montrer qu'Émile est devenu si merveilleux par les méthodes seules de son gouverneur : or voilà ce qu'on ne voit nulle part. Au contraire, on voit encore ici, comme dans le reste, des contradictions sans fin entre les moyens et les effets qu'ils produisent. Cet Émile n'a jamais connu l'application, et il est devenu laborieux ; il ne sait ce que c'est que la méditation, tant le travail d'esprit est odieux à son gouverneur, et cependant telle question qui ne pourrait pas même effleurer l'attention d'un autre enfant va tourmenter Emile durant six mois. Il faut convenir que peu d'écrivains ont autant abusé de leur esprit et de leurs talents que le citoyen de Genève.

. . . .

Je veux faire remarquer dans le *Traité de l'éducation* quelques endroits qui ne tiennent point au fond de l'ouvrage, mais qui sont assez importants pour qu'on y réfléchisse un moment. Quelquefois on n'a besoin que de relever le sentiment de l'auteur pour en faire sentir le faible et le faux ; d'autres fois ses assertions ont un air de vérité qui peut tromper d'abord, mais qui ne soutient pas l'épreuve.

M. Rousseau s'est toujours élevé fortement dans ses ouvrages contre la politesse. Ce n'est point sa faute si nous ne la regardons point comme une hypocrisie infâme, beaucoup plus pernicieuse que les vices les plus décidés. La politesse consiste à se servir d'exagérations, à employer des formules que celui à qui l'on parle ne doit pas prendre au pied de la lettre. Il n'y a point de langue qui n'ait de semblables formules.

La politesse romaine était certainement bien différente de la politesse française; cependant la langue latine est remplie de ces formules dont les Romains se servaient familièrement dans leur commerce. Les sauvages, ces enfants chéris du citoyen de Genève, ont une politesse plus outrée et moins naturelle que les peuples policés. Voyez dans leurs traités combien d'exagérations, combien de ces formules pleines d'emphase et de fausseté! Qu'en conclure? Rien, sinon que, de quelque nature que soit la société et le commerce qui subsiste entre les hommes, ils ne sauraient durer ni même commencer sans des égards réciproques; et partout où il y a des égards, il y a de la politesse et de l'exagération dans les paroles. Rien ne serait plus absurde que d'exiger d'un être organisé comme l'homme d'attacher un sens précis et invariable à chaque mot qu'il profère. Ainsi Émile qui dit : « Faites cela, » au lieu de : « Je vous prie, » sera bien un petit garçon grossier, mais n'aura aucune vertu de plus qu'un enfant accoutumé aux formules d'usage. Rien donc de plus frivole que les déclamations contre la politesse.

Je voudrais encore effacer du livre de l'*Éducation* cette étrange apologie des ingrats. M. Rousseau prétend qu'il n'y en a point. On ne peut se défendre de penser qu'un auteur a ses raisons pour excuser ou pallier le plus hideux des vices qui ait dégradé la nature humaine.

. . . .

L'observation la plus importante et la plus générale à faire sur l'éducation, c'est qu'elle se ressentira toujours de l'imperfection inséparable de toute institution humaine. Quelque soin que vous preniez de votre fils, gardez-vous d'imaginer que vous soyez son seul guide. La nécessité qui dispose de nous, la combinaison de cette foule de circonstances extérieures qui se perpétuent et se renouvellent pendant tout le cours de la vie, n'influeront-elles pas sur votre élève, et le sort qui règle la destinée du père et de la mère ne décidera-t-il pas de celle des enfants ? Vous jugez qu'un auteur qui oublierait l'influence que le sort public et le sort domestique ont nécessairement sur l'éducation ne saurait faire qu'un mauvais traité. Vous jugez encore qu'un auteur qui aurait besoin, pour le succès de sa méthode, d'un concours constant de circonstances très difficiles à rassembler, et, vu la vicissitude des choses humaines, encore plus difficiles à faire durer, aurait perdu son temps et sa peine. Ce n'est pas assez que M. Rousseau ait oublié l'un et qu'il exige l'autre ; quand il s'égare, il n'est pas homme à rester à moitié chemin.

Lorsque, par une combinaison unique et impossible, vous aurez ôté au sort toute influence, que vous aurez rassemblé toutes les circonstances que M. Rousseau exige, que vous aurez réglé le monde entier et toutes les choses humaines suivant le besoin de votre Émile et le caprice de son gouverneur, vous croyez peut-être vous flatter du succès de cette éducation ? Vous vous trompez. S'il arrive un seul de ces hasards qu'aucune prudence humaine ne peut ni prévoir ni prévenir ; si, dans le cours de dix-huit ou vingt ans de soins assidus, il échappe au gouverneur un mouvement, un sourire, un mot indiscret ou inconsidéré, dès ce moment tout est manqué, tout est perdu ; M. Rousseau a le plus grand plaisir de vous répéter cet arrêt à toutes les cinq ou six pages de son livre. S'il faut tant de choses impossibles pour élever un homme, il est plus court d'y renoncer. Si l'Émile du citoyen de Genève était un dieu dont le destin dût assurer pour jamais le bonheur du genre humain et que son éducation nous importât au delà de toutes choses, je défie qu'on y réussit au gré de M. Rousseau, sans qu'il vous répétât à tout moment son mot favori : « Tout est fini, tout est perdu. »

En général on peut dire que son *Traité d'éducation*

est un recueil de choses vraies et fausses, de contradictions, de beautés grandes et sublimes et d'impertinences plates et inutiles, de choses touchantes et de choses arides, de systèmes extravagants et absurdes et de vues justes, de choses consolantes pour l'humanité, et de satires et de calomnies pour le genre humain. On peut, je crois, assurer aussi que tout ce qui regarde l'éducation dans son livre est faux et de nul usage. Non seulement il se tourmente, surtout pendant le premier âge de son Émile, à lui apprendre des choses que l'enfant le plus abandonné apprend tout seul; non seulement un précepte détruit l'autre, et l'auteur se contredit à chaque page; mais je défie qu'on puisse employer avec succès une seule des méthodes qu'il prescrit. Il dit bien à tout moment : « Mon Émile est tel ; » il lui trouve les plus grandes vues, les sentiments les plus sublimes, la conduite la plus merveilleuse : mais on ne voit nulle part comment tant de merveilles résultent de la méthode de M. Rousseau, ni qu'elles soient la conséquence nécessaire des moyens que le gouverneur Jean-Jacques a employés pour faire de son Émile un homme unique. Au contraire, la plupart de ses principes sont peu féconds, peu conformes à la nature humaine, et ses pratiques si puériles, ses méthodes si absurdes qu'on est étonné qu'un homme de tant d'esprit et de génie puisse tomber dans des platitudes si extravagantes. Je ne parle point ici de ses principes fondamentaux ; ils méritent bien la peine qu'on les examine à part et qu'on sache jusqu'à quel point on doit se fier aux assertions hardies du citoyen de Genève ; mais qu'on se rappelle toutes les autres pratiques; il n'y en a pas une qui ne soit fausse et puérile.

Et cette peine inutile avec laquelle je dirais volontiers qu'il se tourmente autour des sens de son élève, et cette belle méthode par laquelle Émile doit apprendre de lui-même à lire et à écrire, et la belle manière de lui enseigner la géographie, la géométrie, le dessin, la physique, et ces beaux jeux nocturnes, et ce beau jeu de gâteaux pour le dresser à la course, et cette belle histoire du bâton brisé dans l'eau, et celle du vin frelaté, et celle du dîner somptueux dont Émile tire une si belle morale, et celle de sa faim dans la forêt de Montmorency, et tant d'autres que je passe sous silence; si un homme sensé peut y trouver une seule vue juste, utile et philosophique, il faut que le genre humain n'ait pas eu le sens commun jusqu'à ce jour, et qu'il apprenne de M. Rousseau à produire avec ses facultés des effets tout autres que ceux que nous avons crus jusqu'à présent conformes à la nature des choses.

Ce qui n'est pas moins étrange, c'est de voir cet écrivain prêcher partout l'amour de la vérité, et employer toujours l'artifice et le mensonge pour réussir auprès de son élève. Si M. Rousseau croit qu'il soit si aisé de dérober la vérité aux enfants et de leur en faire accroire sur le vrai caractère de ceux dont ils dépendent, sur leur vraie situation, sur ce qu'ils peuvent et sur ce qu'ils ne peuvent point, on peut l'assurer qu'une des observations les plus communes lui a échappé. Il ne faut pas avoir vu beaucoup d'enfants pour savoir avec quelle justesse étonnante ils jugent de tout ce qui les intéresse, de tous ceux qui ont des rapports directs avec eux, et combien il serait inutile de vouloir leur donner le change là-dessus.

Il faut donc regarder le livre de l'*Éducation,* ainsi que les autres ouvrages du citoyen de Genève, non comme un livre utile aux hommes, non comme l'ouvrage d'un philosophe avec lequel vous aimeriez à passer votre vie à philosopher et à vous instruire, mais comme un recueil immense de choses qui vous fait penser sur toutes sortes de matières, dont l'auteur, par un art infini, par un style rempli de chaleur et de force, vous intéresse encore lors même qu'il s'égare et qu'il est de mauvaise foi, et dont le caractère sera toujours précieux, tantôt par le talent de l'auteur, tantôt par sa singularité. Les deux derniers volumes m'ont paru infiniment supérieurs aux deux premiers.

Grimm, dans son appréciation, distingue, comme on voit, entre le fond et la forme de l'ouvrage qu'il a à juger. Il rend pleine justice au talent, à « l'art infini » de Rousseau, mais il refuse de souscrire à la plupart des doctrines exposées dans l'*Émile* en fait d'éducation. Il faut reconnaître que les critiques qu'il adresse sont en général assez fondées, et bien des auteurs qui ont écrit depuis lors sur l'*Émile* n'ont guère fait que les reproduire en les développant. On aimerait seulement chez Grimm un ton moins tranchant, moins acerbe, moins agressif envers le philosophe qui avait été son ami. Il a sans doute cette excuse que sa *Correspondance* avait un caractère tout intime et n'était point, dans sa pensée, destinée à la publicité. Et cependant la façon, parfois trop vive, dont il s'exprime permet de penser que Rousseau, en dépit de son humeur chagrine, n'avait pas tout à fait tort quand, dans ses *Confessions*, il se plaignait avec amertume de l'orgueil du baron allemand.

LA LECTURE EXPLIQUÉE

AUX EXAMENS DU PROFESSORAT DES ÉCOLES NORMALES

Il y a cinq ans, était publié dans la *Revue pédagogique* (numéro d'octobre 1892) l'extrait d'un rapport[1] que nous venions d'adresser à M. le ministre, comme président du jury d'examen, sur la session ordinaire du certificat d'aptitude au professorat des écoles normales et des écoles primaires supérieures (aspirants : ordre des lettres).

A propos des épreuves orales, voici ce que nous disions alors de la *lecture expliquée :*

« En ce qui concerne l'épreuve de lecture expliquée, on constate sur certains points un progrès notable. Les candidats ont presque entièrement renoncé aux longs préambules biographiques, ainsi qu'aux hors-d'œuvre dont ils étaient autrefois coutumiers, alors que, sous prétexte de replacer dans l'ensemble de l'œuvre les quelques lignes qu'ils avaient à étudier, ils entamaient, de l'ouvrage où le passage était pris, une diffuse et interminable analyse, dont le moindre inconvénient était de ne plus leur laisser ensuite le temps nécessaire pour l'explication même du texte qui leur était proposé.

« Un autre progrès est encore désirable. Trop

1. Voir ci-après pages 60 à 72.

peu nombreux nous ont paru les aspirants qui savent analyser convenablement un texte, le décomposer en ses différentes parties, en dégager les idées principales et les idées accessoires, montrer comment l'auteur a su les développer, les lier et passer de l'une à l'autre, faire comprendre l'art des transitions, de façon à tirer de cet exercice pour les élèves d'utiles indications en vue de la composition littéraire. Souvent le candidat se borne à paraphraser le texte : il se croit obligé de le reprendre ligne par ligne ou vers par vers, traduisant sans nécessité dans des termes naturellement moins heureux ce que dit l'auteur, s'arrêtant à une expression très claire pour la remplacer par un synonyme, parfois même par un autre mot qui n'est plus d'une parfaite exactitude. A plus d'un aspirant, qui n'avait pas su éviter cette faute, nous avons dû rappeler, pour qu'il se gardât de l'imiter, le commentaire de Mascarille des *Précieuses* : « Je vous regarde, c'est-à-« dire je m'amuse à vous considérer, je vous ob-« serve, je vous contemple. »

Il nous a paru bon de reproduire cette page, parce que, nous le disons avec regret, le progrès que nous constations en 1892, par rapport aux sessions antérieures, semble s'être, depuis cette époque, un peu ralenti. Lors des derniers examens, et déjà depuis un an ou deux, la lecture expliquée est, de toutes les épreuves orales, la plus faible de beaucoup : au mois de juillet dernier, bien rares ont été les aspirants à qui le jury a pu accorder la moyenne, c'est-à-dire 10 sur 20.

Cette faiblesse générale, qui n'a pas laissé de préoccuper les examinateurs, nous a déterminé à revenir aujourd'hui sur cette question de la *lecture expliquée,* et, avec l'autorité que peut nous donner une pratique déjà longue de cet examen du professorat, à la traiter dans un article spécial, où nous serons plus à l'aise que dans un rapport officiel, dont les indications étaient nécessairement un peu rapides, un peu succinctes. Nous serions heureux si les conseils que contiendront ces quelques pages pouvaient être suivis à l'avenir par les candidats, et s'ils leur permettaient de se présenter devant nous dans de meilleures conditions.

Il suffira d'abord de rappeler d'un mot que le texte proposé à chacun des concurrents est pris dans un ouvrage porté sur une liste d'auteurs classiques français que le ministre arrête tous les trois ans; qu'en outre, on accorde au candidat, pour préparer son explication, un temps dont, par un usage déjà ancien, la durée est, en fait, d'une heure. Il résulte de ces dispositions, d'une part, que l'aspirant est mis en présence d'un texte qui doit déjà lui être connu, s'il a sérieusement préparé son examen; d'autre part, qu'il a, avant de se présenter devant le jury, toutes facilités pour rappeler ses souvenirs, réfléchir et classer ses idées.

Ceci dit, prenons le candidat au moment où il entre en loge, et suivons-le, de façon à le guider utilement, pendant toute la durée de l'épreuve, d'abord pendant l'heure de préparation, puis lorsqu'il lit et commente, en présence de la commission, le passage qu'il vient d'étudier.

Laissé seul, l'aspirant va commencer évidemment par lire son texte avec soin. Ce passage, qu'il vient de lire, est emprunté à tel auteur et extrait de tel ouvrage de cet écrivain. Cette constatation est-elle de nature à nous servir pour notre explication? Oui, sans doute. Mais dans quelle mesure? Cela dépend. Le nom de l'auteur rappelle immédiatement à notre mémoire ce que nous avons appris de sa vie, ce que nous savons des caractères, des qualités propres de son génie et de son style. Ces souvenirs peuvent parfois nous être utiles, mais bien plus souvent encore ils seront dangereux : l'expérience de l'examen ne nous l'a que trop prouvé. Nous le disions déjà en 1892 : les longs préambules biographiques sont rares, mais bon nombre de concurrents encore croiraient être répréhensibles, s'ils ne résumaient au moins en quelques mots la vie de l'écrivain. Ils ont, par exemple, à expliquer *la Mort et le Mourant*. Voici leur début : « Cette fable, que je viens de lire, est de La Fontaine. La Fontaine naquit à Château-Thierry en 1621. Son père..., etc., etc. » Eh bien, en commençant de la sorte, le candidat trahit tout de suite son inexpérience. Tout ce qu'il nous dit là nous est indifférent, et la raison en est bien simple. Si La Fontaine était né à Reims en 1630, la fable à expliquer serait-elle autre pour cela? Évidemment non : dès lors, dirons-nous au candidat, vous vous égarez, vous vous perdez en détails oiseux.

Il n'en sera pas toujours ainsi, et quelquefois telle ou telle période de la vie de l'auteur, tel ou tel détail biographique ne devra pas être passé sous silence. Ainsi on vous a donné une page de Rousseau sur le *Lever du soleil* ou *Un Voyage dans le Valais;* il ne sera pas inutile de nous dire que Rousseau était Génevois; que, dans ce beau pays de Suisse, il avait pris de bonne heure l'habitude des courses à pied, le goût des grands spectacles de la nature alpestre. Vous avez à expliquer quelques vers empruntés aux *Châtiments :* sans doute il sera nécessaire de rappeler, soit d'un mot, soit avec plus de détails, selon que vous vous adresserez à un auditoire plus ou moins instruit de ces faits, le rôle de Victor Hugo lors du coup d'État de 1851, son exil, sa haine pour l'Empire. Le passage qui vous est proposé est-il un portrait tracé par un contemporain, comme il y en a tant dans les auteurs de mémoires? vous pouvez tirer de la biographie de l'écrivain d'utiles lumières; vous avez en effet à chercher dans les appréciations qu'il émet, dans le jugement qu'il porte, la part de ses préjugés et de ses passions.

Pour nous résumer sur ce premier point, nous dirons donc aux candidats : « Jamais de biographie détaillée de l'auteur : ce ne peut être qu'un hors-d'œuvre ; — quelque particularité brièvement rappelée, quelque allusion à telle ou telle circonstance de sa vie, d'où nous pourrons, pour notre commentaire, tirer une indication profitable : fort bien ; — hors de là, laissons la biographie de côté. »

Avant de se présenter aux examens, les aspirants n'ont pas seulement appris les biographies des auteurs inscrits au programme ; dans les traités de littérature que la plupart d'entre eux ont lus et relus, ils ont trouvé des jugements sur chacun de ces écrivains. Ah! ces jugements tout faits! quel péril pour eux! Combien des jeunes gens que nous entendons chaque année se sont perdus pour avoir voulu rattacher, coûte que coûte, au commentaire du morceau à expliquer tout ce qu'ils savaient des habitudes d'esprit et de style de l'auteur! Rien n'est plus lamentable que les contresens que fait trop souvent commettre ce psittacisme. Sans doute, la connaissance préalable des qualités ordinaires d'un écrivain peut être un guide précieux, parfois un guide indispensable pour l'étude intelligente d'un fragment de son œuvre. Telle page peut contenir une des idées maîtresses d'un ouvrage considérable ou la substance même d'une doctrine : on serait impardonnable, quand bien même on l'aurait analysée avec sagacité, de ne point paraître se douter que cette idée est un organe essentiel d'un grand système.

Mais que de fois aussi n'avons-nous pas affaire à des candidats qui, obsédés par leurs souvenirs, s'ingénient inutilement à retrouver, par exemple, dans un extrait de Voltaire ou de Bossuet les mérites dont on loue généralement Voltaire et Bossuet, et qui admirent de confiance ces mérites là où précisément ils ne sont pas! Il peut arriver que le ton, que les qualités du morceau à expliquer soient une singularité chez un écrivain : quelle faute, alors, lorsque, au lieu de s'en apercevoir et de le faire remarquer, on travestit violemment tout le texte par respect de la leçon apprise!

Nous reviendrons d'ailleurs tout à l'heure sur cette question, car il y a là une cause d'erreurs fréquentes, une de celles contre lesquelles nous tenons surtout à mettre les candidats en garde.

Autant que l'excès des détails biographiques et l'abus des jugements tout faits, nous avons à signaler les hors-d'œuvre de début, dont trop d'aspirants encore se rendent coupables, et cela dans une bonne intention, afin de *situer* le morceau, c'est-à-dire afin de lui assigner sa place, soit dans l'histoire générale de la littérature, soit dans les œuvres d'un écrivain, soit même dans tel ou tel ouvrage de cet écrivain. L'idée est excellente, nous le répétons, mais il ne faut pas pour cela noyer la page à étudier dans le flot des considérations de toute nature, étrangères au sujet; il ne faut pas, sous prétexte de mieux dégager le morceau, le confondre si bien avec la masse de l'œuvre d'où il est extrait qu'il finisse par s'y perdre et qu'un épais nuage recouvre le tout.

Le plus souvent, il suffit de quelques mots pour mettre le texte proposé à sa vraie place et dans le jour qui lui convient : c'est le cas, par exemple, d'une exposition dramatique, du récit d'un fait, d'un exorde de discours. Tout ici est affaire de mesure; mais le *lecteur* ne doit jamais oublier que son sujet est uniquement la *lecture* qu'il vient de faire.

Comment allons-nous en entamer l'étude ? Avant de nous occuper de la forme, il va falloir examiner le morceau dans son ensemble, nous demander à quel genre il appartient, quels caractères il présente, quelle impression s'en dégage, rechercher quelles idées l'auteur expose et développe, comment ces idées se succèdent et s'enchaînent. Il y a cinq ans, nous blâmions les candidats de trop négliger, d'omettre parfois entièrement cette première partie, la plus importante, du travail qui leur est imposé; aujourd'hui nous aurons un autre reproche à leur adresser : tant il est vrai qu'à défaut de la perfection, le bien même est difficile à atteindre.

Dans des instructions antérieures, nous avons recommandé aux aspirants de se préoccuper de la composition de la page détachée qu'ils ont sous les yeux, de l'analyser avec exactitude, d'en montrer la structure, les différentes parties, de démêler nettement, selon les cas, les deux ou trois éléments qui constituent le thème principal, les divers aspects d'un tableau, les divers termes d'un raisonnement. Le conseil, croyons-nous, est bon, et nous n'hésitons pas à le donner une fois encore : ce travail d'analyse rigoureuse sera pour nous une fort utile discipline : il nous évitera les bavardages à côté de la question, les tâtonnements, les redites. Il est d'ailleurs tel cas où une analyse très serrée du texte formera une partie fort importante de l'explication, s'il s'agit, par exemple, de faire comprendre la belle ordonnance d'un développement, de démontrer la rigueur et l'excellence d'une argumentation, ou, au contraire, de réfuter un raisonnement sophistique.

Mais nous remarquons avec regret que notre conseil a été trop bien suivi, ou, disons mieux, mal suivi, car bon nombre de concurrents ne l'ont ni convenablement compris ni convenablement appliqué, et plusieurs se perdent par le mauvais usage d'une méthode fort bonne en soi, qui devrait être un guide et qui leur devient une entrave. Ils en arrivent à abuser des divisions didactiques, cherchant à soumettre tous les textes, de quelque nature qu'ils soient, à un système uniforme de divisions, une lettre, un fragment de discours, une poésie lyrique, un ensemble de considérations historiques ou morales devant tous, à les en croire, présenter une introduction, un développement, une conclusion rigoureusement établis. Vous pouvez de la sorte, dirons-nous à notre *lecteur,* commettre une erreur grave. Tout morceau n'a pas fatalement trois parties, comme tout sermon a trois points. Quand on commente un fragment épique de la *Légende des siècles,* par exemple, ou un badinage de Mme de Sévigné, est-il opportun de distinguer, de numéroter inexorablement les trois parties qu'on veut de toute nécessité y avoir découvertes ? Et surtout est-il bon de faire de cette distinction l'armature principale du commentaire ?

Ne vous obstinez donc pas à chercher de parti pris dans le passage que vous étudiez un certain nombre de divisions. Elles peuvent exister, en effet, et alors il sera indispensable de faire voir comment le développement s'agence, d'en montrer, pour ainsi dire, les jointures. Mais il n'en sera pas toujours ainsi. « Tout sujet est un, » a dit Buffon; et il n'est pas rare qu'une seule pensée, venue d'un seul jet, remplisse une page entière. Voyez, quand un extrait ayant ce caractère d'unité vous est proposé, quel contresens vous faites en y introduisant je ne sais combien de divisions arbitraires et artificielles. C'est véritablement fausser la pensée de l'auteur, souvent même la détruire en la morcelant.

Ayons une méthode, mais n'en soyons pas esclaves. Sachons l'approprier au genre du morceau qu'on nous invite à expliquer.

Biographies inutiles, jugements tout faits, formules apprises par avance et reproduites hors de propos, longs préambules sous prétexte de mettre en place la page détachée que nous avons à expliquer, divisions trop nombreuses ou factices, voilà, n'est-il pas vrai ? bien des dangers à éviter. Mais vous êtes, Messieurs les candidats, dûment avertis, et, si le proverbe dit vrai, votre valeur à l'avenir va être doublée du coup. Puissions-nous avoir à doubler en même temps l'an prochain les notes données à l'épreuve de lecture expliquée ! Nous le souhaitons bien sincèrement.

Nos précautions ainsi prises contre les fautes les plus fréquemment constatées, reprenons notre texte, et occupons-nous d'en préparer le commentaire détaillé.

Et, tout d'abord, défions-nous de la paraphrase. Tels candidats, par exemple, que nous avons entendus, ont cru avoir expliqué quelques lignes de Pascal ou de Montesquieu, lorsqu'ils n'avaient en réalité fait autre chose que de délayer en une langue incolore les expressions concises de l'écrivain. Nous ne pouvons que répéter ce que nous disions déjà à ce sujet en 1892. Songeons à Mascarille et au commentaire qu'il fait de son impromptu.

Notre explication ne devra donc pas consister en une amplification banale, sans portée, à laquelle nous nous livrerions en suivant ligne par ligne le texte proposé : il faut qu'elle soit une traduction claire et rigoureuse, et une traduction de ce qui, en effet, a besoin d'être traduit. Nous aurons à rechercher avec soin dans ce texte tous les mots, toutes les tournures qui nous paraissent réclamer une explication. Si l'acception d'un mot important n'est pas donnée ou est précisée insuffisamment, le commentaire reste obscur, et nous sommes exposés à de véritables contresens. A cet égard, nous pouvons dire que rarement on serre le texte d'assez près. On se borne à quelques remarques jetées çà et là sur des locutions peu usitées ou sur des termes dont l'histoire, peut-être curieuse, a été faite par tous les annotateurs ou se trouve dans toutes les grammaires; puis on ajoute cette formule : *Le reste se comprend facilement.* « Halte-là ! pas si vite, » serions-nous tentés de crier à l'aspirant. Ce « reste » ne se comprend pas toujours aussi aisément que vous semblez le croire. Si nous, membres du jury, nous comprenons peut-être, en effet, sans trop de peine, soyez assurés que vos jeunes élèves des écoles primaires supérieures et même des écoles normales n'auront pas, de cette page que vous étudiez devant eux et avec eux, une intelligence aussi complète et aussi nette. C'est souvent dans ce « reste », dont vous faites si bon marché, que réside tout le mérite de l'expression : ce sont ces termes justes et heureux, ces rapports délicats, ces alliances parfois hardies, ces trouvailles enfin, qui font la précision, la force, l'élégance, le piquant, l'originalité de l'auteur, la richesse et la beauté de la langue.

A ce travail qu'on attend de vous et qui consiste à choisir les détails, à les grouper de façon à mettre en lumière les ressources des écrivains, à montrer par des exemples quel lien existe entre les mots et les choses ; à cette collaboration avec l'auteur, où vous pouvez vous-même faire preuve de jugement et de goût, et d'où, pour peu que vous soyez habile, vous tirerez pour vos élèves une excellente leçon de style, si à tout cela vous substituez, comme c'est trop souvent le cas, une froide succession de remarques sans suite et sans intérêt, que vaudra votre explication ?

Un autre conseil doit être ajouté à propos des textes — et ils se présentent assez nombreux le jour de l'examen — qui sont empruntés à un historien, ou qui, sans être dus à la plume d'un auteur uniquement occupé d'histoire, soulèvent cependant quelques questions historiques ou géographiques. Là encore, il ne faut pas aller trop vite, et lorsqu'on rencontre les noms d'un grand personnage, d'une ville, d'une province, passer outre en supposant que la signification de ces noms est indubitablement connue de nos écoliers. Il y a plus; si l'on vous donne un récit, un ensemble de considérations, un portrait, bien souvent telle affirmation de l'écrivain sera suspecte et méritera d'être discutée; tel jugement, accepté peut-être autrefois, devra être ou atténué ou réformé. Sans faire étalage d'une érudition qui serait ici déplacée, vous aurez cependant à apprécier la valeur historique du texte. C'est en donnant cette appréciation que le candidat trouvera, en pareil cas, l'occasion de montrer les qualités de son esprit et son aptitude à l'enseignement.

Que nos aspirants au professorat méditent ce que nous venons d'écrire avec le vif désir de les aider, de les guider; qu'ils s'appliquent à tirer parti de ces avertissements, de ces indications détaillées, et leur travail de préparation sera, croyons-nous, notablement facilité. Le jour de l'épreuve, ils ne risqueront pas de s'égarer; ils emploieront fructueusement l'heure qui leur est accordée pour étudier le texte à commenter; ils se présenteront devant le jury avec plus de confiance et de plus sérieuses chances de succès.

A propos de l'épreuve orale publique, nous rappelons qu'il n'est pas interdit aux candidats de se servir des notes qu'ils ont pu jeter sur le papier pendant l'heure de mise en loge : mais que ces notes ne soient pas trop abondantes, et que cette épreuve ne dégénère pas, comme cela a eu lieu, en lecture d'une rédaction fraîchement écrite. Quelques lignes de notes, indiquant le plan du commentaire, résumant d'un mot les idées à développer, rappelant les expressions sur lesquelles on veut s'arrêter, il n'en faut pas davantage.

Lorsque le candidat est appelé dans la salle d'examen, la première chose qu'il a à faire est de lire à haute voix le texte qui lui a été remis. Nous recommandons aux aspirants de ne pas négliger cette lecture, comme plusieurs ont tendance à le faire. Il y en a, parmi ceux que nous avons entendus, qui ne savent pas lire, qui ne semblent même pas capables de faire sentir la ponctuation. D'autres, en plus grand nombre, se tireraient certainement à leur honneur des difficultés de la lecture, s'ils ne semblaient être retenus, et comme paralysés, par je ne sais quel sentiment de crainte, de respect humain qui les empêche de se livrer. Ils ont grand tort : cette mauvaise honte, qu'on pardonne à un écolier, est vraiment déraisonnable de la part d'un futur professeur. Il faut être plus hardi, et ne pas oublier qu'une lecture bien faite est déjà un premier commentaire révélant, par les intonations mêmes de la voix, par les nuances de la diction, quelles sont les intentions de l'auteur et ce que vous-même vous en avez saisi.

Après la lecture à haute voix, le candidat s'occupera de *situer* le morceau, mais sans longueurs inutiles; puis il en étudiera la composition, en en montrant, s'il y a lieu, les différentes parties, et il en dégagera le caractère.

A ce mot de *caractère,* nous jugeons indispensable de nous arrêter, parce que la pratique de l'examen depuis une dizaine d'années nous a donné cette conviction que bon nombre de concurrents ne se rendent pas compte du tout de ce qu'il faut entendre par là. A ces aspirants, nous dirons donc : Le *caractère* du morceau, c'est la forme même que l'auteur a donnée à sa pensée ; c'est l'ordre, le mouvement, la manière de présenter les idées et de faire valoir les sentiments. Ce caractère, que vous avez à comprendre et à nous faire comprendre, dépend évidemment du genre des écrits. Avez-vous affaire à une description, à un raisonnement, à une scène dramatique, à un dialogue? L'auteur a-t-il voulu convaincre, toucher, suggérer des réflexions? Raconte-t-il, médite-t-il, se propose-t-il d'analyser, de résumer? Autant de pages de caractères différents. L'infinie variété des tours ne pourra être saisie que par un esprit doué de pénétration et de souplesse : ce sont ces qualités dont on vous sait gré de faire preuve.

C'est sans conteste dans cette partie de son explication qu'un candidat peut le mieux convaincre ses juges de son aptitude à apprécier la valeur littéraire d'un morceau : alors surtout il peut faire voir combien il est sensible au mérite de l'œuvre, aux qualités maîtresses qui y éclatent. Qu'il ne craigne pas à l'occasion de hausser un peu le ton. Si, entraîné par l'éloquence d'un orateur ou par le lyrisme d'un poète; si, charmé par l'agrément et la verve avec lesquels a été écrite la page qu'il vient de lire, il ressent une émotion, de grâce, qu'il ne se croie pas obligé de la dissimuler! Nous ne demandons point d'admiration de commande, et nous saurions peu de gré à un candidat d'épithètes ou d'exclamations laudatives, dont un commentaire précis ne montrerait point l'à-propos. Mais vraiment est-il permis de lire et de commenter, dans l'*Expiation*, la *Charge de Waterloo* comme on ferait d'un fragment de l'*Esprit des lois?* S'il est de toute nécessité d'analyser les moyens par lesquels a été obtenue la beauté propre et originale de la page expliquée, il n'est pas moins important que, dans cette analyse même, ne s'évanouisse pas l'impression de cette beauté qu'il faut faire comprendre et sentir. Le meilleur moyen qu'aura dans l'avenir le maître de faire naître dans l'esprit de ses élèves le goût et le sens des belles choses n'est-il pas d'ailleurs de sentir d'abord lui-même fortement, puis d'exprimer devant eux avec sincérité sa propre émotion, en s'efforçant de la rendre communicative par la chaleur qu'il apportera à l'exposer?

Un commentaire fait dans cet esprit ne peut manquer, un jour d'examen, de disposer favorablement le jury. Il ne restera plus, après cela, au candidat qu'à entrer dans les détails du style et à dire, en s'appuyant sur la grammaire, la philologie, la littérature, l'histoire, la morale, tout ce qui lui semblera de nature à intéresser et à instruire; enfin, à résumer toute sa lecture dans une conclusion substantielle, qui laisse une impression forte et des idées précises.

Notons ici, puisque nous nous adressons à de

futurs candidats et que notre but, en écrivant cet article, est de multiplier les conseils, notons que cette conclusion à formuler offre à un aspirant une dernière ressource. En supposant qu'il n'ait pas donné tout ce qu'on attendait de lui, qu'il se soit égaré dans des digressions ou des longueurs, il peut réparer en partie ses fautes dans une conclusion qui ramène à la page en lecture, qui lui permette de se reprendre et de faire saisir sa pensée et son enseignement. Bien peu des jeunes gens que nous avons chaque année à juger savent profiter de cette planche de salut. La plupart du temps le commentateur, obsédé par des souvenirs d'histoire littéraire, place (nous allions dire *plaque*) à la fin de sa lecture un développement général sur le génie de l'écrivain dont il vient d'étudier un passage; souvent il recommence ainsi une leçon qu'il a déjà présentée au début, ou bien il en produit une seconde qu'il avait mise en réserve. Ce *placage,* dans lequel les examinateurs reconnaissent tout de suite la leçon apprise et servilement répétée, a plus d'une fois en outre cet inconvénient grave d'induire le candidat en erreur.

En effet, comme nous le disions plus haut, un écrivain n'est pas tout entier dans chacune des pages qu'il écrit; il n'y met pas toutes ses qualités ni tous ses défauts; il n'est pas enfin partout identique à lui-même. Parce que tel extrait, par exemple, est de Rousseau, il ne s'ensuit pas qu'il trahisse à chaque mot les habitudes et le talent du philosophe genevois. Voltaire n'est pas toujours ironique et spirituel; Bossuet n'est pas sans cesse majestueux, ni Racine toujours harmonieux, ni Molière toujours plaisant. Ils ne sont pas, en tous cas, comiques, tragiques, éloquents, mordants de la même manière. Il peut même arriver que Corneille ait la tendresse et la douceur de Racine; Racine, la hauteur de pensée et la mâle vigueur de Corneille. Bossuet parle, quand il le faut, une langue simple et familière; La Fontaine écrit, quand il le veut, sans naïveté et sans malice des vers pleins de force et de magnificence. Ces rares génies, s'ils ont chacun une physionomie propre et comme une tournure particulière, ont aussi une merveilleuse souplesse et produisent des œuvres où la variété ajoute un charme de plus.

Appliquer à une page quelconque d'un écrivain un jugement d'ensemble sur cet écrivain, c'est donc s'exposer à commettre un contresens. Si l'on échappe parfois à ce danger, on ne saurait éviter, en procédant de la sorte, ni le vague, la banalité, la monotonie, ni enfin la prolixité et l'ennui qui s'en dégage.

En terminant ce long article, que nous ne regretterons point d'avoir fait si long, s'il peut être utile à ceux pour qui nous l'avons composé, nous dirons aux jeunes maîtres de nos écoles, aux professeurs qui débutent, aux candidats à nos examens d'enseignement primaire :

Vous êtes laborieux; vous avez du savoir; les idées ne vous manquent pas, non plus que les conseils prodigués dans les livres, dans les revues, dans les inspections et les examens; mais trop souvent vous ne tirez pas assez bon parti de toutes ces ressources et vous appliquez maladroitement les méthodes les plus judicieuses. Quand vous êtes en présence d'une belle page, oubliez toutes choses pour vous en pénétrer. Laissez-vous aller, sans autre préoccupation, au plaisir de la lire; analysez ensuite ce plaisir pour le faire partager aux autres. Êtes-vous en classe, au milieu de votre jeune auditoire : que vos élèves, chaque fois que l'occasion s'offre, s'exaltent avec vous; qu'ils admirent les héroïques vertus; qu'ils frémissent d'une horreur tragique; qu'ils rient de bon cœur et aux éclats; qu'ils apprennent de vous par quels moyens l'éloquence s'impose, touche, pénètre, remue, plaît, en un mot prend l'homme tout entier, esprit, raison, imagination et cœur. Variez vos commentaires, puisque les sujets varient à l'infini; n'étudiez pas un historien avec le même esprit qu'un orateur; ne jugez pas un poète comme un philosophe ou un épistolier. Sachez pénétrer les auteurs, distinguer et mettre en lumière leurs qualités essentielles. N'offrez pas à vos élèves — ni à vos examinateurs — des explications de Mme de Sévigné où l'on n'oubliera rien, si ce n'est l'aisance, la vivacité, la grâce; des lectures de Molière qui seront tristes; des commentaires de Lamartine ou de Victor Hugo qui nous laisseront ignorer ce que c'est que l'harmonie, l'abondance, la couleur, la flamme, l'inspiration! Enfin attachez-vous aux textes, d'abord pour les comprendre et les expliquer à fond, puis pour en tirer, ce que l'on fait trop rarement, une leçon vivante de littérature et de langue françaises.

EXAMEN DU CERTIFICAT D'APTITUDE

AU PROFESSORAT DES ÉCOLES NORMALES D'INSTITUTEURS

ORDRE DES LETTRES

(Extrait d'un rapport présenté à M. le ministre de l'instruction publique sur la session ordinaire de 1892.)

I. — Épreuves écrites.

Les sujets proposés étaient les suivants:

Morale et psychologie appliquée à l'éducation : Commenter, en l'appliquant à l'enseignement, ce mot de Jouffroy : « Ce n'est pas le travail qui importe, mais l'effort. »

Littérature : La critique contemporaine a dit qu'on ne trouverait chez Molière ni un seul bon père, ni un seul bon fils, ni une seule bonne fille. Que vous semble de cette appréciation ?

Histoire : Richelieu administrateur : exposer les principales réformes et créations qui lui sont dues.

Géographie : La Méditerranée et les mers qui en dépendent.

Langues vivantes (allemand, anglais, espagnol) : thème et version.

Les candidats inscrits et qui ont subi les épreuves écrites ont été au nombre de 115.

Psychologie appliquée à l'éducation. —

Cette composition n'a pas été aussi heureusement traitée qu'on avait pu l'espérer, en raison de la facilité du sujet. Plusieurs candidats se sont égarés sur des sujets différents. Il en est qui se sont bornés à développer cette maxime : *Fais ce que dois; advienne que pourra,* qui leur a paru traduire sous une autre forme la même idée que celle qu'on les invitait à commenter. D'autres ont discuté longuement la question de savoir s'il fallait ou non admettre avec Fénelon que le travail demandé aux enfants doit être un travail attrayant, exigeant la moindre somme possible de peine et d'efforts. — Parmi ceux qui ne se sont pas ainsi écartés de la question à traiter, la plupart, en cherchant à indiquer quelle est la nécessité et l'importance de l'effort, n'ont eu en vue que la culture des facultés intellectuelles : ceux-là ont été en minorité qui ont montré, comme il convenait de le faire, combien l'effort persévérant et habituel pouvait utilement contribuer à l'éducation de la volonté et à la formation du caractère. Enfin très peu de candidats ont su bien mettre en lumière cette vérité que le succès n'est point moral par lui-même, tandis que l'effort, quel qu'en soit le résultat, a une valeur morale qui lui est propre.

Pour ces diverses raisons, soixante-huit aspirants sur cent quinze ont eu une note inférieure à la moyenne. Seize ont obtenu la moyenne, soit 10 sur 20, et trente et un seulement une note supérieure à 10. Nous n'avons pu donner que cinq fois la note 13, deux fois la note 14, deux fois la note 15, et une seule copie a été notée 16.

Littérature. — La composition de littérature a été plus satisfaisante. Si l'on se reporte aux résultats des examens des années antérieures, on constate qu'il y a progrès dans l'art de composer, progrès dans l'art d'écrire. Le sujet était conçu en des termes qui indiquaient assez le sens de la réponse demandée. Quelques candidats ont cependant approuvé le jugement proposé, et il en est qui l'ont soutenu avec des raisons sérieuses et fortement présentées : le jury a cru devoir respecter la liberté des opinions en une matière qui la comporte.

Sans parler de quelques aspirants qui ont fait preuve d'une étrange ignorance et qui ont paru connaître à peine plusieurs des chefs-d'œuvre de notre grand comique, tels que l'*Avare* et les *Femmes savantes,* les moins bonnes copies sont celles qui n'ont offert qu'une sorte de nomenclature confuse des personnages du théâtre de Molière, avec une épithète pour ranger chacun d'eux, père, fils ou fille, parmi les bons ou parmi les mauvais. Les auteurs des copies passables ont choisi et groupé les personnages et ont porté des jugements plus raisonnés et plus nuancés. Ceux dont les compositions ont été notées comme les meilleures ont su montrer qu'à côté de caractères franchement mauvais, Molière en a tracé quelques-uns d'estimables, d'autres en qui le sens de la famille n'est que momentanément altéré par les circonstances, et qu'enfin, la comédie ayant à représenter des travers, des ridicules et des vices, il n'y a pas lieu de s'étonner qu'elle ne produise guère sur la scène ni personnages parfaits ni modèles des vertus familiales.

Des cent quinze copies remises, soixante-six ont été notées au-dessous de la moyenne; onze ont obtenu la note 10, et trente-huit une note supérieure. Six copies ont mérité la note 13, cinq la note 14, quatre la note 15, et six la note 16.

Histoire. — Tout en rentrant entièrement dans le cadre des études des candidats, l'épreuve écrite d'histoire permettait cependant de prendre la mesure de leur force. S'il était facile pour tous d'énumérer des actes administratifs qui se trouvent dans tous les précis, il était plus difficile de caractériser l'administration de Richelieu, d'en apprécier les avantages et les dangers et de montrer comment le grand ministre essaya, par la concentration des pouvoirs, de développer toutes les forces vives de la nation.

Sauf de rares exceptions, les candidats ont prouvé qu'ils connaissaient bien les faits, et il est juste de constater que leurs copies témoignent d'un travail sérieux. Mais beaucoup n'ont pas su tirer un utile parti de leurs connaissances : ils se sont bornés à exposer, à servir, pour ainsi dire, par petites tranches ce qu'ils savaient, sans émettre d'appréciations, sans chercher une idée générale qui leur servît de fil conducteur et pût donner de l'unité à leur composition. Quelques-uns toutefois, dont la préparation avait été mieux dirigée, ont eu une vue d'ensemble du sujet et l'ont traité avec méthode et avec intelligence. En résumé, quelques bonnes copies, beaucoup d'assez bonnes ou de passables, un petit nombre de mauvaises.

Géographie. — De même que la composition d'histoire, celle de géographie est en général satisfaisante au point de vue des connaissances acquises. La préparation a été sérieuse. Sauf une vingtaine de copies franchement mauvaises, l'ensemble du concours permet d'affirmer que les candidats ont lu la carte avec intelligence et ont travaillé dans d'autres livres que dans les manuels courants.

Tous les candidats se sont trouvés d'accord pour envisager le sujet à trois points de vue principaux et successifs : 1° géographie physique avec description des côtes; 2° géographie économique; 3° géographie politique et historique. C'était bien là ce qu'on attendait d'eux. Toutefois nous avons pu remarquer que la tendance générale des aspirants a été d'écourter ce qui devait être consacré, dans leur développement, à la physionomie propre, à la géographie de la mer elle-même : profondeur, salure, régime des vents et des courants.

En résumé, il a paru au jury qu'il y avait lieu de se féliciter du résultat obtenu : préparation attentive; sens des nécessités d'un bon enseignement géographique.

En ce qui concerne les notes, la commission, conservant une jurisprudence adoptée par elle depuis plusieurs années, a décidé de combiner ensemble les notes attribuées aux deux copies d'histoire et de géographie, en accordant à la composition d'histoire, par rapport à l'autre, le coefficient 2. Les résultats ont été les suivants : soixante et une copies n'ont pas obtenu la moyenne, mais aucune n'a été notée au-dessous de 6. Vingt-deux candidats ont obtenu la moyenne, trente-deux une note supérieure. La note 13 a été attribuée à quatre compositions, la note 14 à six; enfin un aspirant a mérité la note 16 1/2.

Langues vivantes. — Depuis plusieurs années, on constate dans les épreuves écrites de langues vivantes un progrès sensible; ce progrès s'est encore accusé dans les examens qui viennent d'avoir lieu. Si quatre candidats ont eu la note 0, si huit autres n'ont pu obtenir une note supérieure à 3, treize copies ont obtenu la moyenne, et cinquante-sept sur cent quinze, soit la moitié, ont été cotées au-dessus de 10. On a pu accorder à huit aspirants la note 13, à quatorze la note 14, à six la note 15, à cinq la note 16; deux enfin ont mérité la note 17, et un la note 18, la plus élevée qui ait été donnée dans tout l'examen. C'est un résultat dont il y a lieu de se déclarer satisfait.

A la suite des épreuves écrites, le nombre des candidats admissibles a été de cinquante, soit, sur cent quinze examinés, une proportion d'environ 43,5 pour 100.

II. — Épreuves orales.

De ces cinquante aspirants, quarante-huit seulement ont subi les épreuves orales : un candidat, reçu à l'école de Saint-Cloud, a renoncé à continuer l'examen; la maladie a empêché un autre de se présenter.

Les résultats des épreuves orales ont été, dans leur ensemble, assez bons.

Lecture expliquée. — En ce qui concerne l'épreuve de lecture expliquée, on constate sur certains points un progrès notable. Les candidats ont presque entièrement renoncé aux longs préambules biographiques, ainsi qu'aux hors-d'œuvre dont ils étaient autrefois coutumiers, alors que, sous prétexte de replacer dans l'ensemble de l'œuvre les quelques lignes qu'ils avaient à étudier, ils entamaient, de l'ouvrage où le passage était pris, une diffuse et interminable analyse, dont le moindre inconvénient était de ne plus laisser ensuite le temps nécessaire pour l'explication même du texte qui leur était proposé.

Un autre progrès est encore désirable. Trop peu nombreux nous ont paru les aspirants qui savent analyser convenablement un texte, le décomposer en ses différentes parties, en dégager les idées principales et les idées accessoires, montrer comment l'auteur a su les développer, les lier et passer de l'une à l'autre, faire comprendre l'art des transitions, de façon à tirer de cet exercice pour les élèves d'utiles indications en vue de la composition littéraire. Souvent le candidat se borne à paraphraser le texte : il se croit obligé de le reprendre ligne par ligne ou vers par vers, traduisant sans nécessité dans des termes naturellement moins heureux ce que dit l'auteur, s'arrêtant à une expression très claire pour la remplacer par un synonyme, parfois même par un autre mot qui n'est plus d'une parfaite exactitude. A plus d'un aspirant qui n'avait pas su éviter cette faute, nous avons dû rappeler, pour qu'il se gardât de l'imiter, le commentaire du Mascarille des *Précieuses* : « Je vous regarde, c'est-à-dire je m'amuse à vous considérer, je vous observe, je vous contemple. »

Il est d'usage que le jury, quand les candidats n'abordent pas d'eux-mêmes cet ordre de questions, provoque de leur part, à propos de la lecture, des explications grammaticales : application d'une règle de lexicologie ou de syntaxe, observations étymologiques, analyse grammaticale ou logique d'une phrase, etc. A cet égard, nous avions plus d'une fois constaté les années précédentes peu de sûreté dans les connaissances des candidats; nous avons eu lieu d'être plus satisfait cette année des réponses que nous avons obtenues.

Sur quarante-huit aspirants examinés, vingt-trois ont obtenu pour la lecture expliquée une note inférieure à la moyenne. Neuf ont mérité la note 10, seize une note supérieure. Nous avons donné une fois la note 13, deux fois chacune des notes 14, 15 et 16.

Leçon. — L'épreuve de la leçon est celle à laquelle le jury attache la plus grande importance; il lui attribue le coefficient 2. Il y a lieu de se louer généralement de l'élocution des candidats : la plupart s'expriment clairement, avec aisance, en termes convenables et corrects. Quant au fond, il en est plus d'un qui ne sait pas *composer* une leçon : les points essentiels du sujet à traiter et les parties accessoires sont trop souvent également développés et mis au même plan. Parfois les menus détails abondent, de façon qu'il ne reste pas dans l'esprit de l'auditeur une impression nette et précise. Les candidats dont nous parlons ont besoin qu'on leur rappelle qu'il faut savoir se résigner à ne pas dire sur un sujet donné, même quand on parle devant un jury d'examen, tout ce qu'on en peut connaître : il faut savoir choisir et ordonner. Nous avons pu remarquer en outre que d'autres aspirants ont le tort de ne pas étudier avec une attention suffisante le texte de la question qu'on leur propose : aussi s'égarent-ils; ils traitent une question différente, et leur exposé, quelle qu'en puisse être d'ailleurs la valeur propre, est nécessairement, pour ce motif, moins bien noté par les examinateurs.

Les résultats de l'épreuve de la leçon ont été les suivants : vingt-deux notes inférieures à la moyenne, dont une fois la note 3; trois fois la note 10, et vingt-trois notes supérieures, dont sept fois la note 13, quatre fois la note 14 et deux fois la note 16.

Correction d'un devoir d'élève-maître. — Pour l'épreuve de correction du devoir les aspirants réussissent en général assez mal ; il faut, pour corriger convenablement une copie, une expérience professionnelle, une connaissance du métier qui manque encore à la plupart. Ne pas refaire de fond en comble, sous prétexte de correction, une composition dans laquelle certaines parties peut-être devraient être entièrement modifiées, mais dont d'autres pourraient être améliorées, d'autres conservées sans changements ; ne pas vouloir imposer comme obligatoire une sorte de devoir-type arrêté à l'avance ; éviter de ne faire sa part qu'à la critique, sans louer, quand cela est possible, ce qu'il peut y avoir de bon dans la copie que l'on a à juger ; enfin, et surtout, ne jamais se contenter, ainsi que cela a encore lieu trop souvent, de reprocher à l'élève l'expression de telle ou telle idée, l'emploi de telle tournure ou de tel mot, sans rien mettre à la place de ce qu'on rejette, tels sont les principaux défauts que nous signalons aux candidats, afin qu'ils s'en gardent à l'avenir.

Sur les quarante-huit notes données pour la correction du devoir, vingt-trois, soit environ la moitié, sont au-dessous de la moyenne ; les autres se répartissent ainsi : neuf fois la note 10, six fois la note 11, quatre fois la note 12, deux fois la note 13, trois fois la note 14 et une fois la note 15.

Langues vivantes. — Pour l'examen oral des langues vivantes, nous n'avons guère qu'à répéter ce que nous avons dit à propos des épreuves écrites. La moyenne a été satisfaisante : quatorze candidats seulement n'ont pas mérité la moyenne, quatre ont eu la note 10, et trente des notes supérieures; la note la plus élevée a été 17.

Il est utile que les candidats sachent bien quelle importance le jury attache à l'habileté dont ils font preuve dans les exercices de conversation, qui sont une partie essentielle de l'examen.

III. — Résultats généraux.

Des quarante-huit candidats admissibles à l'oral, vingt-cinq ont été définitivement reçus.

Il est intéressant, en tenant compte des différentes catégories de fonctionnaires, d'examiner quelle a été la proportion entre les candidats qui ont subi tout ou partie des épreuves et ceux qui ont été admis.

Parmi les cent quinze aspirants qui se sont présentés, on comptait :

Maîtres adjoints ou délégués dans les écoles normales primaires (employés à l'enseignement des lettres, à l'économat ou à la direction des écoles annexes).....	21
Directeur d'école primaire supérieure................	1
Instituteurs adjoints dans l'enseignement primaire supérieur (écoles primaires supérieures proprement dites, écoles professionnelles, écoles manuelles d'apprentissage, écoles pratiques d'industrie ou de commerce)..	33
Élèves de l'école normale supérieure de Saint-Cloud...	11
Maîtres primaires ou maîtres répétiteurs exerçant dans les établissements d'enseignement secondaire.......	4

Instituteurs exerçant dans les écoles primaires élémentaires 42
Membres de l'enseignement privé.................... 3

Le tableau suivant donne, par catégories d'aspirants, tant pour l'admissibilité que pour l'admission, les résultats comparatifs :

QUALITÉ DES ASPIRANTS	NOMBRE DES ASPIRANTS ayant subi les épreuves écrites.	NOMBRE DES ASPIRANTS admissibles.	NOMBRE DES ASPIRANTS reçus.
Maîtres adjoints ou délégués dans les écoles normales	21	16	5
Directeur d'école primaire supérieure	1	»	»
Instituteurs adjoints de l'enseignement primaire supérieur	33	13	5
Élèves de l'école de Saint-Cloud..	11	10[1]	10
Maîtres de l'enseignement secondaire	4	2	»
Instituteurs des écoles élémentaires	42	9	5[2]
Membres de l'enseignement privé.	3	»	»

1. L'élève refusé est un élève externe qui n'a suivi les cours que pendant une partie de l'année scolaire 1891-92.
2. Sur ces cinq instituteurs, trois appartiennent au département de la Seine.

Ces résultats prouvent une fois de plus, d'une part, quelle est la valeur des études faites à l'école normale supérieure de Saint-Cloud; d'autre part, combien il est difficile aux instituteurs de la province, qui n'ont pu obtenir une délégation soit dans une école normale, soit dans une école primaire supérieure, de se préparer comme il convient à l'examen du professorat.

RAPPORT

SUR L'EXAMEN DU CERTIFICAT D'APTITUDE AU PROFESSORAT DES ÉCOLES NORMALES ET DES ÉCOLES PRIMAIRES SUPÉRIEURES (ASPIRANTS-LETTRES) SESSION DE JUIN 1898

Monsieur le ministre,

En vous adressant ce rapport sur les examens qu'ont eu à subir, le mois dernier, les candidats aspirants au professorat des lettres, j'ai le regret de constater tout d'abord que jamais, depuis douze ans que j'ai l'honneur de faire partie de la Commission chargée de juger ces épreuves, je n'ai assisté à un concours aussi faible. Bien que, mes collaborateurs et moi, nous ne nous soyons aucunement montrés plus exigeants que par le passé, nous n'avons pu vous proposer de décerner le diplôme qu'à neuf candidats, et cependant cent quatre-vingt-seize concurrents avaient pris part aux épreuves écrites.

I. — Épreuves écrites.

1. Morale et psychologie appliquée à l'éducation. — Les candidats avaient comme sujet :

Discuter cette opinion de Condillac : « Pour exercer la réflexion, il ne faudrait pas négliger la mémoire. Ces deux facultés sont également nécessaires : elles se donnent des secours mutuels, et ne peuvent se passer l'une de l'autre.

Comme on le voit, le sujet était facile. Il n'exigeait aucune connaissance spéciale ni en psychologie ni en pédagogie. Du bon sens et un peu de « réflexion » suffisaient pour le traiter. En outre, le plan du développement était nettement indiqué.

Il arrive souvent que les « sujets faciles » sont désastreux pour la majorité des candidats. Cette vérité d'expérience a été constatée une fois de plus.

La plupart des aspirants ont certainement pris la plume, aussitôt le sujet dicté, sans réfléchir comme il convient. Beaucoup d'entre eux semblent même s'être abstenus de le lire avec attention, et la division si clairement indiquée leur a échappé.

Presque tous ont omis de définir la *réflexion,* ou, s'ils l'ont fait, ils ont donné de ce mot une définition si large qu'il est devenu synonyme à la fois de jugement, de raisonnement et de raison. Beaucoup l'ont confondue avec l'attention. Cette indétermination dans les idées des concurrents sur le point essentiel de leur sujet a donné à leurs développements quelque chose de pénible, souvent même de tout à fait incohérent.

Le défaut d'efforts vigoureux pour pénétrer le sujet s'est traduit dans le détail. On a assez bien démontré la nécessité de la mémoire. On a plutôt affirmé que démontré par des exemples caractéristiques la nécessité de la réflexion.

Le paragraphe consacré aux secours mutuels que

se donnent les deux facultés présente une disproportion notable : tous les candidats ont plus ou moins clairement discerné le secours apporté par la mémoire à la réflexion : aussi ont-ils développé ce paragraphe avec une abondance banale. Mais ils ont fort peu tenté de rechercher le rôle exact de la réflexion dans la culture de la mémoire ; c'était cependant une partie essentielle du développement. En résumé, on s'est étendu outre mesure sur la partie banale du sujet et l'on en a seulement esquissé la partie intéressante.

Un autre reproche sur lequel il paraît nécessaire d'insister, c'est la faiblesse excessive du style. Nous n'avons trouvé dans aucune copie de réels efforts de précision, de propriété dans l'expression. Les candidats se contentent du mot qui se présente dans l'improvisation et qui est souvent trop vague, sinon impropre.

Pour ces divers motifs, sur cent quatre-vingt-seize copies qui nous avaient été remises, il n'y en a qu'une trentaine qui approchent de la moyenne ou qui la dépassent.

Deux copies seulement ont mérité la note 14 ; trois, la note 13 ; quatre, la note 12 ; cinq, la note 11 ; sept, la note 10 ; neuf, la note 9 ; — quatre-vingt-quatorze copies n'ont pas atteint la note 5 ; onze ont obtenu la note 0 ; trente et une ont la note 5 ; vingt, la note 6 ; onze, la note 7 ; neuf, la note 8.

Il est évident que beaucoup de candidats, poussés par des motifs divers, se présentent sans être sérieusement préparés. Les meilleurs mêmes semblent mal comprendre ce que doit être une dissertation de pédagogie.

2. Littérature. — On demandait cette année aux candidats de déterminer la part qu'il convient de faire à Louis XIV dans la gloire littéraire du siècle auquel son nom reste attaché. Cette épreuve n'a pas donné les résultats que le jury était en droit d'attendre. Sur cent quatre-vingt-seize copies corrigées, un quart environ a mérité une note égale ou supérieure à la moyenne: quelques-unes seulement sont bonnes; beaucoup sont faibles, très faibles même; la plupart sont médiocres.

Le sujet proposé n'offrait pourtant pas de grandes difficultés. Avec des notions de littérature, un peu de réflexion et quelque goût, il était aisé de le traiter convenablement.

Dans l'ensemble des compositions, les connaissances littéraires ont paru assez étendues; mais le plus souvent les aspirants en font un usage bien maladroit. On voit trop qu'ils font appel à la mémoire plus qu'à la réflexion. Ces connaissances, qui d'ailleurs n'avaient pas toutes été puisées dans les bonnes histoires de notre littérature, même là où elles étaient le mieux employées, servaient d'ornement plutôt que de preuves.

Cette culture exagérée de la mémoire nuit au jugement; la Commission a eu trop souvent l'occasion de le constater. La faiblesse du raisonnement étonne quelquefois; les contradictions ne sont pas rares. Le goût, chez la plupart des candidats, n'est pas encore formé. Toutefois, nous avons plaisir à observer que de réels efforts ont été faits pour établir un plan régulier; malheureusement, cela n'a pas empêché plus d'un concurrent d'omettre la partie la plus importante de la composition. On est surpris de voir qu'ils ont négligé de montrer que Louis XIV a plus fait pour la littérature de son siècle en répandant autour de lui le goût des choses de l'esprit qu'en distribuant quelques maigres pensions. C'est une lacune regrettable.

Le style, ici encore, laisse beaucoup à désirer. Un très petit nombre seulement de candidats ont su exprimer leurs idées avec correction, avec justesse et en termes assez précis.

3. Histoire et géographie. — Les concurrents avaient, en histoire, à traiter ce sujet :

La république de Venise; caractériser les différentes périodes de son histoire; insister sur la grandeur maritime et commerciale de Venise; marquer son rôle dans l'histoire de la civilisation européenne.

Ce texte aurait pu fournir aux candidats l'occasion d'attester leurs connaissances historiques en général, leur habitude de la réflexion et leur talent à faire revivre une civilisation éclatante. Bien peu d'entre eux ont réussi à montrer à la fois du savoir, de la réflexion et du coloris.

La connaissance des faits n'a pas toujours été suffisante. En général, les aspirants connaissent surtout les événements de l'histoire de Venise qu'il est facile de trouver dans tous les précis, c'est-à-dire la participation de Venise à la quatrième croisade et le tableau de la puissance maritime et commerciale de la république vers le XVe siècle. L'historique du gouvernement de Venise était déjà moins sûr. Enfin les auteurs de bon nombre de copies ont entièrement passé sous silence l'histoire des rapports de Venise et de Byzance avant la quatrième croisade et n'ont fourni que des indications tout à fait sommaires sur la vie vénitienne et le mouvement intellectuel et artistique de la ville à l'époque de la Renaissance. Cet élément du sujet, qui devait cependant tenir une place considérable dans la composition, semble ignoré de la plupart de ces jeunes gens. Il est regrettable que les candidats persistent à négliger en histoire tout ce qui n'est ni batailles ni institutions : comme si l'étude des mœurs, des idées et des arts n'était pas un précieux enrichissement de l'histoire à notre époque. Enfin, la chronologie était souvent incertaine, particulièrement dans l'histoire du gouvernement vénitien.

L'intelligence des faits est souvent médiocre. Les légendes sur le caractère du gouvernement vénitien sont encore acceptées avec la plus grande crédulité et reproduites dans quelques copies. La portée des faits n'est pas exactement saisie ; beaucoup de candidats écrivent qu'après la prise de Constantinople et la découverte de l'Amérique, Venise n'a plus d'histoire. La politique de Venise est rarement caractérisée d'une façon exacte : parce que Venise a contribué à détourner de son but la quatrième croisade, les Vénitiens sont représentés comme absolument incrédules, ou tout au moins peu soucieux de la religion. Mais où ce défaut apparaît le plus fortement, c'est lorsqu'il s'est agi de marquer le rôle de Venise dans l'histoire de la civilisation européenne. Les réflexions présentées à ce sujet ont été le plus souvent vagues, confuses, parfois même ridicules. Un candidat n'a-t-il pas naïvement écrit qu'il fallait compter au nombre des acquisitions que l'Europe devait à Venise l'usage des lanternes vénitiennes !

Enfin l'exposition des faits a bien souvent laissé à désirer. Rarement les candidats ont su trouver, pour caractériser les différentes périodes de l'histoire de Venise, les phrases courtes et nourries qui, résumant tout un développement, peuvent aisément se graver dans la mémoire. Le plan tracé n'est pas toujours bien net. Quant au style, il est quelquefois d'une inexpérience désolante ; ordinairement, il est plat et incolore.

On pourra juger de la faiblesse de la composition d'histoire par la statistique suivante :

1 copie a obtenu la note			......	0
3 copies ont obtenu la note			....	1
7	—	—	....	2
20	—	—	....	3
17	—	—	....	4
18	—	—	....	5
11	—	—	....	6
26	—	—	....	7
22	—	—	....	8

10	copies ont obtenu la note	....		9
12	—	—	....	10
19	—	—	....	11
13	—	—	....	12
2	—	—	....	13
3	—	—	....	14
3	—	—	....	15

On ne peut dire que, comme valeur, les compositions de géographie aient été bien supérieures à celles d'histoire. On proposait aux aspirants l'étude des principaux ports de commerce sur la Méditerranée et sur les mers qui en dépendent. Je dois reconnaître que les connaissances des candidats sont pour la plupart exactes : le nombre d'erreurs matérielles relevées dans les copies est peu considérable. Mais ce qu'on peut surtout reprocher à ces jeunes gens, c'est, une fois encore, de ne pas examiner avec assez d'attention le texte qui leur est remis, et, par suite d'une faute initiale de réflexion, de substituer à l'étude des *grands ports* qui, au point de vue commercial, présentent un intérêt de premier ordre, une longue et fastidieuse nomenclature de localités, dont la plupart n'ont qu'une importance fort médiocre. Parmi les concurrents qui ont fait judicieusement le choix qu'on leur demandait, il n'en est qu'un bien petit nombre qui, à propos des ports dont ils avaient à parler, aient montré qu'ils comprenaient l'importance des questions de géographie physique en ce qui concerne notamment la nature de la côte où le port est situé : profondeur d'eau, vents régnants, abris, et l'aspect de l'arrière-pays, sa condition au point de vue du relief et des facilités de communications. Combien aussi ont négligé, même pour les ports les plus considérables, de s'occuper de la nature du trafic qui s'y fait : marchandises d'exportation, marchandises importées, transit, lignes principales de navigation !

En somme, connaissances assez exactes, comme nous l'avons dit, mais courtes, superficielles, insuffisantes pour un candidat qui demande à obtenir le diplôme de professeur.

Langues vivantes. — Nous signalions déjà l'an dernier, pour cette partie des épreuves, un progrès qui ne s'est pas ralenti. Ce progrès s'étend aux cinq langues vivantes pour lesquelles les candidats s'étaient inscrits et se répartissaient comme il suit :

Langue anglaise........	102
Langue allemande.....	78
Langue italienne......	8
Langue espagnole.......	7
Langue arabe	1

Le progrès constaté s'applique surtout à l'examen écrit, et, parmi les épreuves écrites, c'est le thème surtout qui mérite une bonne note. La grammaire est en général bien sue, et bon nombre de copies témoignent d'un sentiment réel de la langue. Dans les meilleures, la langue est non seulement correcte, mais même idiomatique.

La version est dans l'ensemble inférieure au thème. La traduction est très souvent timide ; beaucoup de candidats semblent craindre de s'écarter du mot à mot ; ils croient donner le sens exact en traduisant littéralement. Ils ne pénètrent pas au delà de la surface du texte. Les mots, avec leur signification isolée, semblent en quelque sorte leur cacher le sens de l'ensemble. De là, non seulement de l'inélégance, mais beaucoup de faux sens.

Sur cent quatre-vingt-seize aspirants, quatre-vingt-dix ont obtenu des notes supérieures à la moyenne 10. C'est, comme on peut le voir d'après ce que nous avons dit plus haut, un résultat beaucoup plus satisfaisant que pour les autres épreuves. D'où cette conséquence que ces jeunes gens, qui viennent nous demander le diplôme de professeur dans les écoles normales ou les écoles primaires supérieures, où leur seront confiées les leçons de littérature, de grammaire et de langue française, d'histoire, de géographie, arrivent devant nous préparés pour la plupart insuffisamment, sauf pour une matière accessoire, que beaucoup d'entre eux n'auront jamais à enseigner et dont plusieurs abandonneront certainement l'étude, une fois obtenu le titre qu'ils recherchent.

J'insiste sur cette remarque, qui pourrait faire naître dans de bons esprits l'idée de modifications à apporter au régime actuel de l'examen. Quoi qu'il en soit pour l'avenir, la constatation faite a porté le jury à maintenir une décision depuis longtemps prise, en vertu de laquelle nul candidat ne peut, une fois le résultat de l'examen écrit connu, obtenir le bénéfice de l'admissibilité aux épreuves orales s'il n'a la moyenne, soit au total 30 points, pour les compositions essentielles, c'est-à-dire les compositions de pédagogie, de littérature, d'histoire et de géographie, les points obtenus en plus de la moyenne pour les langues vivantes ne pouvant servir à compenser l'insuffisance des autres copies. Je dois faire observer que cette décision a été votée à l'unanimité des membres présents de la commission, c'est-à-dire avec le complet assentiment de ceux de nos collègues spécialement chargés de la correction des devoirs d'anglais, d'allemand, d'italien, d'espagnol.

Dans ces conditions, étant donnée la faiblesse du concours, le nombre des admissibles ne pouvait être élevé, et, de fait, jamais, je pense, il n'avait été aussi réduit : il n'a été que de 26.

Toutefois, par une décision exceptionnelle, un jeune homme de nationalité arménienne, élève de l'école normale de Saint-Cloud, a été autorisé, à titre étranger, à subir les épreuves orales, bien que pour l'écrit il n'eût pas obtenu le nombre de points exigé des autres concurrents. La liste des admissibles, qui vous a été soumise le mois dernier, comprenait donc 27 noms.

Sur cette liste nous relevons, si nous rangeons les candidats par catégories suivant leurs qualités ou leurs fonctions :

Élèves de l'école normale supérieure de Saint-Cloud (y compris le candidat étranger)	7
Instituteurs publics	4
Instituteurs adjoints des écoles primaires supérieures	10
A reporter	21

Report.......	21
Répétiteur dans les écoles supérieures de la Ville de Paris..........	1
Instituteur délégué dans les écoles normales.........	1
Membres de l'enseignement privé..........	2
Étudiants libres..........	2
TOTAL.........	27

II. — ÉPREUVES ORALES.

Vous aviez, il y a quelques mois, approuvé l'idée de donner aux candidats des conseils dont ils paraissaient avoir grand besoin, surtout pour une épreuve qui ne produisait que de piètres résultats, l'épreuve de lecture expliquée. Ces conseils ont fait l'objet d'un article paru, l'hiver dernier, dans la *Revue pédagogique*[1]. Il ne semble pas qu'ils aient été inutiles. Sans être encore bien satisfaisante, l'épreuve s'est améliorée. L'an dernier, s'il m'en souvient bien, nous n'avions pu, pour un nombre d'aspirants plus élevé que cette année, donner qu'une seule note supérieure à la moyenne. Cette fois, quatre candidats ont eu, pour la lecture expliquée, la moyenne (10 sur 20); un autre a obtenu la note 11; trois, la note 12; un enfin, la note 13. Toutefois la lecture expliquée reste encore l'épreuve la plus faible. Pour l'ensemble des candidats, la moyenne est seulement de 7,77, alors qu'elle s'élève à 8,16 pour la leçon, à 9,99 pour la correction du devoir et atteint 11,15 pour les langues vivantes.

En ce qui concerne la leçon, à laquelle il est d'usage depuis de longues années d'attribuer le

1. Voir ci-dessus pages 41 à 59.

coefficient 2, nous avons coutume d'organiser l'examen de façon que, suivant les résultats d'un tirage au sort, une moitié des candidats aient à traiter une question de littérature ou de grammaire, l'autre moitié une question d'histoire ou de géographie. Les choses sont en outre disposées de telle sorte que ceux qui ont développé un sujet de littérature ou de grammaire aient à corriger une copie de géographie ou d'histoire, et réciproquement. Ainsi chaque candidat est forcément examiné sur chacune des catégories de matières qui forment le programme de ce concours.

Nous ne constatons pas de notables différences, quant à la valeur des leçons de littérature, d'histoire ou de géographie. La moyenne est sensiblement la même : un peu plus élevée pour les leçons de littérature, un peu plus basse pour les leçons d'histoire. Mais la grammaire semble négligée. Nous ne proposons aux candidats que peu de leçons de grammaire : cette année, nous n'en avons même fait traiter qu'une, sur la conjugaison du verbe. Ainsi qu'il est arrivé trop souvent, les résultats n'ont pas été brillants : des parties importantes de la question ont été ou à peine abordées ou même entièrement passées sous silence par le candidat, à qui nous n'avons pu accorder que la note 4. Je crois devoir signaler cette faiblesse regrettable de nos futurs professeurs en grammaire, et j'aurais volontiers tendance à augmenter pour l'avenir le nombre des leçons de grammaire, jusqu'à ce que les candidats aient mieux compris l'intérêt qu'il y a à fixer leur attention sur cette matière d'enseignement, d'une importance indéniable dans nos écoles normales et nos écoles primaires supérieures.

Nous avons vu plus haut que la moyenne des épreuves orales d'anglais et d'allemand (un seul candidat admissible a été interrogé sur l'espagnol) est notablement plus élevée que celle des autres épreuves. Néanmoins l'oral a été moins satisfaisant que l'écrit. La prononciation est presque toujours défectueuse. On n'obtient pas de la plupart des candidats qu'ils accentuent correctement.

Les examinateurs spéciaux se plaignent que l'épreuve orale n'ait pas été préparée avec assez de soin. Le livre prescrit n'a guère été étudié; quelques aspirants, sans nul doute, l'avaient à peine entr'ouvert. Ils comptaient sur le hasard, sur la chance, sur l'inspiration... Et l'inspiration ne venait pas.

Pour un assez grand nombre, la conversation n'a pas été mauvaise.

Le petit nombre des candidats admissibles aux épreuves orales a encore été singulièrement réduit quand cette partie de l'examen a été achevée, et, comme je le disais en commençant ce rapport, nous n'avons pas cru possible de vous proposer cette année pour le diplôme plus de neuf concurrents. Nous n'avons eu aucun scrupule à nous montrer rigoureux : il importe, en effet, de maintenir à un niveau élevé notre professorat, sorte d'agrégation primaire, et de ne pas délivrer trop aisément à des jeunes gens, insuffisamment préparés, ce diplôme qui doit leur ouvrir l'accès aux emplois supérieurs de l'enseignement. Presque tous sont d'ailleurs déjà pourvus d'emplois et peuvent, sans que leurs intérêts soient pour cela lésés, poursuivre, dans les postes d'adjoints ou dans les fonctions d'instituteurs des écoles élémentaires, une carrière honorable, quoique plus modeste.

Les neuf candidats qui, seuls, ont réussi cette année sont :

Elèves de l'école normale supérieure de Saint-Cloud (plus le candidat étranger)	3
Instituteur public	1
Instituteurs adjoints des écoles primaires supérieures	3
Répétiteur dans les écoles supérieures de la Ville de Paris	1
Etudiant libre	1
TOTAL	9

Daignez agréer, Monsieur le ministre, l'assurance de mon respectueux dévouement.

LES SUJETS DE LEÇONS

A L'EXAMEN DU CERTIFICAT D'APTITUDE AU PROFESSORAT DES ÉCOLES NORMALES (ORDRE DES LETTRES)

De toutes les épreuves qu'ont à subir les candidats au certificat d'aptitude au professorat des écoles normales et des écoles primaires supérieures, celle qui d'ordinaire les inquiète le plus durant la période de préparation est la leçon qu'ils auront à faire devant le jury, le jour de l'examen oral. C'est ce que nous ont appris les confidences de plusieurs aspirants. Cette inquiétude se comprend : les règlements, en effet, ne sont pas très explicites sur cette épreuve de la leçon. A l'article 172 de l'arrêté du 18 janvier 1887, on lit ceci :

> Les épreuves orales et pratiques comprennent :
>
> *Pour les lettres :* 1° une leçon sur un sujet tiré au sort, dont la durée ne dépassera pas une demi-heure et qui pourra être suivie d'interrogations portant, soit sur le sujet qui a fait l'objet de la leçon, soit sur toute autre partie du programme. Trois heures sont accordées pour la préparation de cette leçon. Cette préparation a lieu à huis clos...
>
> *Pour les sciences :* 1° une leçon sur un sujet tiré au sort, dont la durée ne dépassera pas une demi-heure. Il est accordé deux heures pour la préparation de la leçon de mathématiques, trois heures pour la prépa-

ration de la leçon de sciences physiques et naturelles. Cette préparation à lieu à huis clos.

L'arrêté n'en dit pas davantage. Les indications qu'il contient sont, il faut l'avouer, bien succinctes, surtout pour ce qui se rapporte au certificat de l'ordre des lettres. Cette sobriété de renseignements trouble nombre de jeunes gens qui travaillent pour obtenir ce titre. Sur quelles matières des programmes portera la leçon qui leur sera proposée? Quel en sera le caractère? Ne leur demandera-t-on de traiter que des sujets de littérature, d'histoire, de géographie? En histoire, l'histoire des peuples de l'Orient, de la Grèce, de Rome, est-elle l'objet de quelques leçons? Voilà autant de questions, et il y en a bien d'autres, que les candidats se posent et auxquelles ils ne peuvent guère obtenir de réponse qu'en se renseignant tant bien que mal auprès de camarades ayant subi l'examen.

Cet embarras, où nous savons que plusieurs d'entre eux se trouvent chaque année, nous a déterminé à leur venir en aide, d'une part en leur donnant, grâce à la publicité de la *Revue pédagogique,* quelques indications sur les règles que la Commission d'examen a depuis longtemps coutume de suivre; en portant, d'autre part, à leur connaissance une liste de sujets traités dans les dernières sessions.

En principe, toutes les matières qui font partie du programme d'enseignement des écoles normales peuvent, exception faite pour ce qu'on appelle les enseignements accessoires, fournir au jour de l'examen le sujet d'une leçon. Pour ne parler ici que de ce qui concerne le certificat d'ordre littéraire, les candidats peuvent donc être invités à traiter une question, soit de pédagogie, soit d'instruction civique ou morale, soit de grammaire, soit de littérature, soit de géographie, soit d'histoire, et effectivement il n'y a aucun de ces domaines dans lesquels le jury ne fasse chaque année quelque incursion. Toutefois les sujets de pédagogie, de morale, d'instruction civique, de grammaire, sont de beaucoup les moins nombreux. C'est la littérature, y compris l'histoire littéraire, c'est l'histoire, la géographie, qui sont surtout mises à contribution. Sur dix sujets proposés, par exemple, il y en aura peut-être un de pédagogie, de morale ou de grammaire, quatre de littérature, trois ou quatre d'histoire, un ou deux de géographie. Ce n'est pas là, sans doute, une règle absolue : c'est celle tout au moins qu'a suivie, depuis plusieurs années, la Commission chargée d'examiner les aspirants. En littérature, on veut surtout que les candidats prouvent qu'ils ont étudié avec soin et qu'ils connaissent bien nos grands classiques, ainsi que les principaux auteurs du XIXe siècle inscrits au programme. En histoire, c'est l'histoire moderne qui doit surtout appeler leur attention. Toutefois le jury veut s'assurer aussi qu'ils ont sur les grands faits de l'histoire ancienne, surtout de l'histoire grecque et romaine, des notions générales, prises à des sources sûres. Quant à la géographie, c'est à la géographie physique et économique qu'on attache le plus d'intérêt.

Ce sont ces idées, que nous nous bornons à énoncer ici en quelques mots, qui guident les examinateurs dans le choix des sujets. Voici d'ailleurs, pour mieux préciser, une liste assez longue de leçons de littérature, d'histoire et de géographie qui ont été proposées aux candidats l'an dernier ou les années précédentes. Il va sans dire que cette liste n'a rien de limitatif et que les sujets qui y sont inscrits ne sont indiqués qu'à titre de spécimens.

LITTÉRATURE

XVIIe SIÈCLE

Corneille :

1. Justifier, en exposant l'état de notre théâtre au temps de Louis XIII, cette appréciation de Voltaire : « Quand je compare Corneille aux contemporains qui osaient produire leurs ouvrages à côté des siens, je lève les épaules et je l'admire comme un être à part. »
2. Les personnages secondaires dans le *Cid*.
3. Dans son commentaire sur Corneille, Voltaire a dit, à propos de la tragédie de *Cinna* : « Dans le premier acte, Cinna et Émilie s'emparent de tout l'intérêt. Ensuite cet intérêt change. Est-ce un défaut ou non ? » Vous expliquerez cette phrase de Voltaire et vous répondrez à la question qu'il pose.
4. Expliquer comment Corneille a su, dans les trois personnages de Curiace, du vieil Horace et de son fils, varier l'expression d'un même sentiment : le patriotisme.
5. Apprécier la beauté morale du caractère de Sévère dans la pièce de *Polyeucte*. Expliquer les changements de goût du public depuis le XVIIe siècle jusqu'à nos jours au sujet de ce personnage de tragédie.

Racine :

1. Apprécier les critiques adressées à Racine par Fénelon dans sa lettre à l'Académie.

2. Montrez l'originalité du rôle d'Andromaque dans la tragédie qui porte ce nom.
3. Racine dit, dans la deuxième préface de *Britannicus* : « Ma tragédie n'est pas moins la disgrâce d'Agrippine que la mort de Britannicus. » Attachez-vous à prouver la vérité de ce mot par l'étude du rôle d'Agrippine.
4. Analyser et juger le cinquième acte d'*Athalie*.
5. Montrer comment Racine a fait dans les *Plaideurs* la critique de l'éloquence des avocats. Faire ressortir la leçon de rhétorique qui s'en dégage.

Corneille et Racine

1. Développer ce jugement de La Bruyère dans son parallèle entre Corneille et Racine : « Il y a plus dans le premier de ce que l'on admire et de ce que l'on doit même imiter; il y a plus dans le second de ce que l'on reconnaît dans les autres et de ce que l'on éprouve dans soi-même. »
2. Des *Plaideurs* de Racine et du *Menteur* de Corneille, que préférez-vous, et quelles sont les raisons de cette préférence?

Molière :

1. Fénelon a-t-il raison de dire, en parlant de Molière, qu'il a donné un tour gracieux au vice avec une austérité ridicule et odieuse à la vertu?
2. Molière s'est attaqué, dans les *Précieuses ridicules*, les *Femmes savantes* et le *Misanthrope*, à trois mauvais poètes : Mascarille, Trissotin et Oronte. Expliquez d'une manière précise les reproches qu'il adresse à chacun d'eux et tirez-en une leçon de goût.
3. Quel jugement portez-vous sur les deux enfants de l'Avare, Cléante et Élise? Motivez ce jugement.
4. Montrer en quoi Alceste et Philinte ont tort et en quoi ils ont raison, soit dans leur conduite, soit dans leur langage.
5. Montrer comment Molière, dans les *Femmes savantes*, a su varier les caractères de Philaminte, d'Armande et de Bélise.

La Fontaine :

1. Rappeler l'opinion de Rousseau et de Lamartine sur les

fables de La Fontaine. Dire ce que vous pensez de leur appréciation.

2. « Cet âge est sans pitié, » a dit La Fontaine en parlant des enfants. Le fabuliste avait-il raison? Dans quelle mesure? En quel sens? Croyez-vous qu'il y ait lieu d'enseigner la pitié aux enfants et qu'on puisse y réussir? Comment fera-t-on en eux l'éducation de ce sentiment?
3. Exposer le rôle et le caractère du chien dans les fables de La Fontaine.
4. Faire connaître La Fontaine comme peintre de la nature.
5. Analyser et étudier, en donnant lecture des parties principales, la septième fable du XIe livre : *Le Paysan du Danube.* Vous en prendrez occasion pour montrer le paysan dans les fables de La Fontaine.

Boileau :

1. Exposer les idées de Boileau sur la satire d'après ce qu'il en dit dans la VIIe Satire, dans la IXe et dans le second chant de l'*Art poétique.*
2. Sur quelles parties du premier chant de l'*Art poétique* insisteriez-vous dans votre enseignement à l'école normale? Justifiez vos choix.
3. On a vu surtout dans Boileau le poète satirique : vous ferez connaître à vos élèves comment il a loué et soutenu Corneille, Racine et, sauf une restriction fâcheuse, Molière, et vous conclurez.
4. Dans le second chant de son *Art poétique,* Boileau, traitant des genres secondaires, a oublié la fable. D'où peut venir cet oubli? Pourquoi la fable et les fabulistes n'auraient-ils pas dû être omis?
5. On dit souvent que le premier chant de l'*Art poétique* et le quatrième renferment tous deux des préceptes généraux. Comparez ces deux chants et faites-en comprendre la différence.

La Bruyère :

1. Vous rendrez compte du chapitre VII des *Caractères (de la Ville),* et vous insisterez sur ce qui vous semblera le plus intéressant.
2. Exposez et expliquez les jugements émis par La Bruyère

dans son premier chapitre sur les principaux écrivains du XVIe et du XVIIe siècle.

3. Étudier et discuter ce que La Bruyère dit des enfants dans le chapitre *de l'Homme.*
4. Choisir quelques-uns des portraits tracés par La Bruyère dans le chapitre *de la Société et de la Conversation*, et les étudier.
5. Montrer comment il est possible de tirer des *Caractères* de La Bruyère un traité de rhétorique à l'usage des élèves de l'école normale.

Bossuet :

1. Faire sentir la différence de l'éloquence et de l'histoire, en comparant le récit de la bataille de Rocroy dans l'*Oraison funèbre de Condé* et dans le *Siècle de Louis XIV* de Voltaire.
2. Analyser et comparer l'exorde de l'*Oraison funèbre de la reine d'Angleterre* et celui de l'*Oraison funèbre de la duchesse d'Orléans.*
3. Exposer et discuter les jugements de Bossuet sur Henriette, sur Charles Ier et sur Cromwell dans l'*Oraison funèbre de la reine d'Angleterre.*
4. On a dit que l'oraison funèbre est un genre faux. Cette critique s'applique-t-elle à l'oraison funèbre telle que Bossuet l'a comprise?
5. Faites une leçon sur l'*Oraison funèbre du prince de Condé* en analysant avec soin l'exorde et la division, et en choisissant ensuite les parties qui vous sembleront les plus belles.

XVIIIe SIÈCLE

1. Vous ferez connaître ce qui vous paraîtra le plus important dans les jugements portés par Voltaire sur nos cinq grands poètes du XVIIe siècle (*Siècle de Louis XIV*, chapitre XXXII), et vous en direz votre sentiment.
2. Faites comprendre l'intérêt de l'*Histoire de Charles XII*, de Voltaire.
3. Expliquer cette pensée de Voltaire : « La tragédie est une école de bienséance, de raison et d'héroïsme. »
4. Choissez et étudiez dans la Correspondance de Voltaire

quelques lettres qui vous paraitront particulièrement propres à le faire connaître comme homme, comme écrivain et comme critique littéraire.

5. Un critique a dit à propos de la Correspondance de Voltaire : « S'il y avait à préférer dans l'excellent, je préférerais, parmi les lettres de Voltaire, celles dont le sujet est littéraire. » Êtes-vous de cet avis? Appuyez votre opinion sur des exemples.
6. Exposer et apprécier les idées émises par J.-J. Rousseau, dans le second livre de l'*Emile*, sur l'enseignement de l'histoire et de la géographie.
7. Vous ferez à des élèves-maitres de 3e année une leçon sur Buffon comme introduction à l'étude de son *Discours sur le style*.
8. Analysez à vos élèves l'*Aveugle* d'André Chénier, et prenez-en texte pour leur faire connaitre le poète.

XIXe SIÈCLE

1. Donnez une idée des doctrines littéraires, des qualités et des défauts de Chateaubriand, en étudiant le VIe livre des *Martyrs*.
2. Étudiez dans la *Légende des siècles*, de Victor Hugo, les *Pauvres Gens*.
3. Étudiez le monologue de Charles-Quint dans *Hernani*.
4. Faites comprendre à vos élèves la nature du génie lyrique de Victor Hugo, en vous servant du volume intitulé l'*Enfant ou le Livre des mères*.
5. Donnez une idée de Lamartine en bornant votre étude aux pièces des *Premières Méditations poétiques* contenues dans le volume des Extraits.
6. Comparer, dans Thiers et dans Michelet, les deux morceaux sur la Prise de la Bastille (Thiers : extraits, 62-66; — Michelet : extraits, 283-289).

HISTOIRE

HISTOIRE ANCIENNE

1. Athènes au temps de Périclès. Situation politique. Les lettres et les arts.
2. Alexandre le Grand : résultats de ses conquêtes.
3. Annibal.

4. Les Gracques.
5. Jules César.
6. Dioclétien et Constantin.
7. Le christianisme dans le monde romain jusqu'au concile de Nicée (325).
8. Quelles circonstances favorisèrent l'établissement des Barbares dans l'empire romain? Comment les invasions furent-elles préparées? Quels furent les principaux États formés par les Barbares dans l'empire?

HISTOIRE DU MOYEN AGE

1. La maison d'Héristal : causes de ses progrès et de son avènement à la royauté.
2. Justinien : mœurs byzantines; la cour; les lois; l'église Sainte-Sophie.
3. Mahomet. Le Koran; l'empire arabe; la civilisation arabe.
4. Invasions et établissement définitif des Normands en France.
5. Rappeler à grands traits comment s'est établi et développé le système féodal jusqu'au commencement du XIIe siècle.
6. Les communes et le pouvoir royal en France de Louis VI à Philippe le Bel.
7. La royauté française au XIIe siècle; le roi; sa cour; son domaine; les grands vassaux.
8. Les Normands au XIe siècle : leurs expéditions et leurs conquêtes en Italie et en Angleterre.
9. La guerre des Albigeois.
10. Quelles ont été les principales réformes de Charles VII? Comment ces réformes ont-elles contribué aux progrès du pouvoir royal?

HISTOIRE MODERNE

1. De quoi se composait la succession de Charles le Téméraire? Quels conflits a-t-elle engendrés entre la France et l'Espagne? Suivre à grands traits cette histoire jusqu'en 1715.
2. Les États généraux en France : définition. Principales convocations : exposer brièvement quels en ont été les causes et les résultats.

3. Quels sont, de Boniface VIII à Léon X, les grands événements qui ont agité l'Église, et particulièrement le saint-siège ?
4. Montrer à quels caractères on reconnait au XVe siècle la naissance des temps modernes.
5. Quel fut le caractère des guerres d'Italie sous Charles VIII et Louis XII ? En quoi ces guerres ont-elles été avantageuses ou nuisibles à la France ?
6. Le pouvoir royal en France au temps de François Ier ; la cour ; les principales familles nobles ; le clergé ; la justice ; les finances et l'armée.
7. État géographique, politique et moral de l'Europe en 1559.
8. Philippe II.
9. L'Angleterre au temps d'Élisabeth.
10. Comment les Provinces-Unies se sont-elles affranchies de l'Espagne ? Comment sont-elles devenues en Europe un État prépondérant ? (1562-1668.)
11. Dernières années de Louis XIV : la cour ; Port-Royal ; détresse financière ; commencement d'opposition ; Fénelon et le duc de Bourgogne ; Vauban. Testament et mort de Louis XIV.
12. Les États-Unis d'Amérique : histoire sommaire de la fondation des colonies américaines. En quelles circonstances sont-elles devenues un grand État indépendant ?
13. Définir ce qu'on appelle l'ancien régime : en expliquer l'organisation politique et sociale.
14. Les principes de 1789 et la Constitution de 1791.
15. L'Assemblée législative et l'invasion.

HISTOIRE DU XIXe SIÈCLE

1. Les institutions du Consulat.
2. Exposer les relations de la France et de la Prusse depuis le commencement de la Révolution jusqu'au traité de Tilsitt.
3. Rapports de la France et de l'Angleterre de 1802 à 1815. Le blocus continental ; ses conséquences.
4. Le congrès de Vienne ; caractère de son œuvre. L'Europe en 1815.

5. Principaux hommes politiques de 1815 à 1830. Exposé sommaire de leurs actes les plus considérables.
6. Conquête et colonisation de l'Algérie.
7. La question d'Orient de 1815 à 1856.
8. La question d'Orient de 1841 jusqu'au congrès de Berlin.
9. La République de 1848.
10. Progrès des Russes et des Anglais en Asie depuis le commencement de ce siècle.
11. Exposer les progrès des nations européennes dans l'extrême Orient depuis un demi-siècle.
12. La politique extérieure du second Empire (1852-1870).
13. Comment ont été conquises et perdues l'Alsace et la Lorraine?
14. La formation de l'unité allemande.
15. L'œuvre coloniale de la France en Afrique depuis 1815.

GÉOGRAPHIE

FRANCE

1. Quelles sont les grandes régions de plaines et les grandes vallées françaises ? Comment communiquent-elles naturellement ? Quels sont les voies ferrées et les canaux qui ont profité de ces communications naturelles ?
2. Caractériser et comparer nos quatre grands fleuves : Seine, Loire, Garonne, Rhône.
3. Le littoral de la France de Dunkerque à l'embouchure de la Loire avec tracé au tableau noir ; géographie physique. Indication sommaire des divisions administratives des régions situées sur ce littoral, avec quelques détails sur les villes principales.
4. Quelles régions traverse la frontière française entre la mer du Nord et les Alpes ? Quelles en sont les principales défenses naturelles et artificielles ?
5. Voyage de Paris à Bayonne en chemin de fer, avec indication des cours d'eau et des hauteurs, des départements, des villes importantes que l'on rencontre. (Le candidat devra donner quelques détails sur l'aspect, sur les productions et les industries diverses des pays traversés ; il tracera au tableau noir la ligne du voyage en marquant les points principaux.)

6. Étude du réseau des canaux français.
7. Les industries extractives en France.
8. Sur le tableau noir considéré comme planisphère, indiquer l'emplacement relatif des pays placés sous l'autorité de la France : colonies et pays de protectorat. Donner sommairement les traits caractéristiques de la géographie physique et économique de ces divers pays. (Le candidat n'aura pas de tracé à faire au tableau noir; il devra seulement prouver qu'il voit la carte mentalement.)

EUROPE

1. Les Alpes centrales : orographie et hydrographie.
2. Les grands fleuves européens.
3. Le Danube : croquis du fleuve avec ses principaux affluents; navigation. Valeur économique des pays traversés par le Danube.
4. Géographie économique de l'Angleterre.
5. La Belgique : géographie physique, politique et économique.
6. Géographie physique de l'empire d'Allemagne.
7. Géographie physique, politique et économique de la Suisse.
8. La péninsule des Balkans : étudier le relief du sol, l'hydrographie et les divisions politiques.

ASIE

1. Géographie physique et économique de l'Asie Mineure.
2. Quelles sont les principales routes qui conduisent par terre ou par mer de l'Europe dans les Indes? Quelles positions la Russie et l'Angleterre occupent-elles sur ces routes?
3. Qu'est-ce que l'Indo-Chine? Quelles parties en ont été conquises par les peuples européens? Quels États indépendants y subsistent? D'où vient l'importance économique de cette région?
4. Le Japon.

AFRIQUE

1. La vallée du Nil.
2. Tracé des côtes d'Afrique avec indication des îles adja-

centes. Faire connaître la place, l'origine, l'importance des possessions françaises.
3. La région des grands lacs.
4. L'Angleterre dans l'Afrique australe : ses progrès.
5. Vue générale sur la géographie politique de l'Afrique. Indiquer les positions qu'occupent actuellement les nations européennes dans le continent africain.

LES AMÉRIQUES ET L'OCÉANIE

1. Géographie économique des États-Unis de l'Amérique du Nord.
2. Géographie physique de l'Amérique du Sud : relief du sol ; climats ; hydrographie ; végétation.
3. Les Antilles.
4. Quelles sont les colonies anglaises de l'Australie ? Quelles parties du continent australien occupent-elles effectivement ? Quels obstacles s'opposent à leur extension territoriale ? Quels sont les éléments principaux de leur prospérité ? Quels liens les rattachent à la métropole ?
5. Les régions polaires arctique et antarctique : description. Principaux voyages à la recherche du pôle nord, du passage du nord-ouest, du passage du nord-est.

Nous rappelons, en terminant, aux candidats que les textes des auteurs littéraires sur lesquels doit porter la leçon sont ordinairement mis entre leurs mains, et qu'ils ont toujours à leur disposition, pour les leçons d'histoire, une chronologie ; pour les leçons de géographie, un atlas.

SUJETS DE LEÇONS

DONNÉS A L'EXAMEN DU PROFESSORAT DES ÉCOLES NORMALES

ET DES ÉCOLES PRIMAIRES SUPÉRIEURES

Nous croyons rendre service aux jeunes gens qui se préparent à subir les épreuves de l'examen du professorat des écoles normales et des écoles primaires supérieures (ordre des lettres) en publiant les sujets de leçons proposés aux candidats.

Aux termes des règlements, les aspirants, outre l'épreuve de lecture expliquée et l'épreuve de langues vivantes, ont, à l'examen oral, à faire une leçon et à corriger un devoir d'élève. Il est dans les habitudes du jury de donner à corriger un devoir de littérature si le candidat a eu, suivant les hasards du tirage au sort, à faire une leçon d'histoire ou de géographie, et inversement. Les leçons de littérature ou de grammaire, d'une part, et les leçons d'histoire ou de géographie, d'autre part, sont de la sorte, chaque année, en nombre à peu près égal.

On propose ordinairement sept ou huit sujets de littérature ou d'histoire littéraire contre un de grammaire, trois ou quatre sujets d'histoire contre un de géographie.

Pour la préparation des leçons, les aspirants ont à leur disposition, si le sujet à traiter porte sur l'histoire, une chronologie; s'il s'agit de géographie, un atlas.

Quant aux leçons de littérature, on décide, selon le sujet à préparer, si les textes des auteurs seront remis au candidat ou s'il convient, au contraire, de le laisser, sans le secours d'aucun livre, tirer parti de ses connaissances, de ses souvenirs.

Nous indiquons par un astérisque, dans la liste qui suit, les questions pour la préparation desquelles les concurrents avaient été autorisés à se servir des textes.

LITTÉRATURE ET GRAMMAIRE

1. Étude sommaire de nos premiers historiens jusqu'au XVe siècle. Préciser par des exemples ce qu'on entend par ces mots : *Chroniques; Mémoires; Histoire.*
2. Tableau de la Renaissance des lettres en France au XVIe siècle.
   Déterminer les principales influences qui se sont exercées alors sur notre littérature.
3. La préciosité au XVIIe siècle. Faire brièvement l'histoire des sociétés précieuses. Apprécier leur œuvre.

*4. La querelle des Anciens et des Modernes.
   (On avait remis au candidat un exemplaire de la *Lettre à l'Académie* de Fénelon, des *Œuvres choisies* de Boileau, des *Caractères* de La Bruyère et du *Siècle de Louis XIV* de Voltaire.)

5. Quelles sont les qualités générales du style? Dire celles qui caractérisent plus particulièrement les chefs-d'œuvre de la prose française.

*6. Que signifient les mots *gai, comique, spirituel?* Les expliquer au moyen d'exemples empruntés à la littérature française, et, autant que possible, au théâtre.
   (Mis à la disposition du candidat : un recueil de

Morceaux choisis et un exemplaire des principales comédies de Molière.)

*7. Exposer les causes du goût qu'on a de notre temps pour Pascal. Qu'est-ce qui fait pour les modernes l'intérêt durable des *Pensées ?*

*8. Faire comprendre par des exemples quelle a été la fécondité, la souplesse du génie de Corneille.

*9. Des variations de l'opinion à l'égard du théâtre de Corneille aux XVIIe, XVIIIe et XIXe siècles.

*10. Étudier les préfaces de *Britannicus.*

*11. Les principaux rôles de pères dans le théâtre de Molière.

*12. Les jeunes filles du théâtre de Molière.

*13. Vous venez de terminer l'étude du règne de Louis XIV. A l'appui de vos leçons sur la société du XVIIe siècle, vous choisissez et commentez quelques lectures tirées des comédies de Molière.

*14. Montrer comment Boileau, dans ses *Satires* aussi bien que dans ses *Épîtres* et dans son *Art poétique*, par l'éloge et par le blâme, fait œuvre d'enseignement.

*15. Dans une école primaire supérieure, vous avez étudié avec vos élèves un certain nombre de fables de La Fontaine. Vous faites à ces jeunes gens une leçon de revision sur notre grand fabuliste.

*16. Du style épistolaire : qualités principales qu'il doit avoir. Comparaison rapide des correspondances de Mme de Sévigné et de Voltaire.

17. Donnez à des élèves d'école normale une idée de l'œuvre historique de Voltaire.

18. La poésie en France au XVIIIe siècle.

19. Le merveilleux chrétien dans la littérature française aux XVIIe, XVIIIe et XIXe siècles.

20. Caractères essentiels et résultats définitivement acquis de la révolution littéraire qui s'est accomplie en France dans la première moitié du XIXe siècle.

21. Les grands historiens français au XIXe siècle.

22. Le verbe. Son rôle dans la proposition. Les temps et les modes. Diverses sortes de verbes.

23. Les mots. Diverses espèces de mots ; leurs éléments. Familles de mots. Différentes acceptions d'un même mot.

HISTOIRE ET GÉOGRAPHIE

1. Sparte; ses institutions. Son rôle dans l'histoire grecque[1].
2. La société romaine à l'époque des Antonins. Indications rapides sur le gouvernement, les classes de la société, l'état intellectuel et moral.
3. Mahomet.
4. Retracer les progrès du pouvoir royal en France sous les Capétiens directs.
5. Exposer les découvertes maritimes des Portugais et des Espagnols au XVe siècle.
6. La guerre au XVIe siècle. Montrer ce que les institutions et les usages militaires ont conservé du moyen âge et ce qui les en différencie.
7. Traités de Westphalie et des Pyrénées. État de l'Europe au milieu du XVIIe siècle.
8. La cour sous Louis XIV : le cérémonial, l'étiquette. Influence générale exercée par la vie de cour sur la société de ce temps.
9. Pierre le Grand.
10. La Régence (1715-1723).
11. Exposer à grands traits l'histoire coloniale de la France de 1624 à 1763.
12. Dans le tableau de la France en 1789, vous consacrez une leçon spéciale à la royauté et aux classes privilégiées.
13. Les armées et les généraux de la Révolution française. Les comparer brièvement avec les armées et les généraux de l'Empire.
14. La constitution de l'an VIII.
15. Exposer la politique intérieure de Napoléon, de 1800 à 1815.
16. La France en 1814.
17. Retracer les principales phases de la question d'Orient au XIXe siècle.
18. La mer et ses mouvements.

1. Comme les candidats en sont régulièrement avisés chaque année, quelques sujets de leçons sont toujours pris dans l'histoire ancienne.

19. Les régions polaires.
20. L'Irlande.
21. Les Antilles.
22. Les colonies d'Allemagne et le commerce allemand.

En 1895, a paru dans la *Revue pédagogique* une autre liste que nous donnons ici, et qui contient des sujets proposés tant aux candidats de l'ordre des sciences qu'à ceux qui ont en vue le diplôme littéraire.

ASPIRANTS. — LETTRES

LITTÉRATURE

1. Nos premiers historiens : Villehardouin, Joinville, Froissart, Commines.
2. Exposer et discuter l'opinion de Montaigne sur l'éducation physique.
3. Exposer les lois essentielles de la formation de la langue française.
4. Qu'entend-on par le sens propre, le sens dérivé, le sens figuré d'un mot? De la métaphore. Son usage.
5. Leçon sur la proposition.
6. La volonté dans le théâtre de Corneille.
7. L'intelligence de l'histoire et de la politique dans le théâtre de Corneille. Le poète, qui en a fait un usage légitime et heureux, n'en a-t-il pas abusé, au détriment de l'intérêt dramatique?
8. Les valets de Molière.
9. Comment Bossuet a-t-il compris l'oraison funèbre?
10. Dans quelle mesure les œuvres comiques peuvent-elles contribuer à l'étude de l'histoire? Exemples tirés du théâtre de Molière.
11. Idées de Fénelon sur la langue française. Rapprocher le chapitre III de sa *Lettre sur les occupations de l'Académie*, du chapitre intitulé *de Quelques Usages* dans les *Caractères* de La Bruyère.
12. Voltaire historien.
13. Définir le mouvement littéraire qu'on appelle le romantisme. Principales idées de l'école romantique.

14. Quels sont les différents genres de comédie? Indiquer par quels caractères ils se distinguent les uns des autres. Donner des exemples de chacun des genres.
15. Originalité de J.-J. Rousseau comparé aux écrivains de son temps.
16. Essayer de caractériser le style et la manière de Michelet en vous appuyant sur le livre d'extraits mis entre vos mains.
17. Caractères généraux de la littérature au XVIIIe siècle. Les philosophes, les savants, les salons.
18. Chamfort, parlant des personnages raisonneurs des comédies de Molière, a dit : « La réunion de ces rôles formerait peut-être un cours de morale à l'usage de la société. » Que pensez-vous de ce jugement?

HISTOIRE

1. Les lois agraires. Les Gracques.
2. Les guerres médiques.
3. Les Etats généraux; leur rôle jusqu'à la fin du XVe siècle.
4. La Ligue.
5. Causes, caractère, résultats de la guerre de Trente ans.
6. Exposer ce que Richelieu a fait pour affermir l'unité politique de la France et développer l'autorité absolue de la royauté.
7. Exposer les causes de la grandeur, puis de la décadence de l'Espagne au XVIe siècle.
8. Histoire de la formation de la Prusse.
9. Origine, progrès et décadence des communes de France.
10. État de la France en 1661. Montrez l'usage que Louis XV fit de sa puissance au dedans et au dehors.

GÉOGRAPHIE

1. L'empire colonial hollandais.
2. L'empire russe en Asie.
3. Les Antilles.
4. Le Soudan.
5. La Méditerranée et les mers qui s'y rattachent.

ASPIRANTES. — LETTRES

LITTÉRATURE

1. L'historien, dit Fénelon, « ne doit être d'aucun temps ni d'aucun pays ». Que vous en semble? Exemples.
2. L'éloquence sacrée, d'après Fénelon (*Dialogues sur l'éloquence*). Ce genre, tel que Fénelon le définit, vous semble-t-il avoir été réalisé au XVIIe siècle?
3. Pourquoi le XVIIe siècle a-t-il été par excellence le siècle des moralistes? Caractériser et distinguer brièvement les principaux moralistes de ce siècle.
4. Michelet définit le XVIIe siècle « un siècle religieux »; qu'y a-t-il d'incomplet dans cette définition?
5. A quelles causes attribuez-vous l'épanouissement soudain de la poésie lyrique en France au début du XIXe siècle?
6. Montaigne éducateur.
7. Voltaire dit que « sans Pierre Corneille le génie de nos prosateurs ne se serait pas développé ». Quelles sont les qualités qui, dans l'œuvre de Corneille, vous paraissent les plus capables de former une grande prose?
8. Ce qui vit, ce qui est mort de l'œuvre de Boileau.
9. On a dit que le personnage de Tartuffe était plus tragique que comique. Est-il le seul personnage de Molière qui offre un mélange de cette sorte?
10. Comparez l'Onuphre de La Bruyère au Tartuffe de Molière.
11. Les servantes de Molière, et principalement Dorine.
12. Molière a-t-il une morale?
13. La Fontaine et le vers libre.
14. L'enfant chez la Fontaine, chez la Bruyère (chapitre *de l'Homme*) et chez J.-J. Rousseau.
15. Les erreurs du deuxième livre de l'*Émile*.
16. Développez ce mot de Voltaire sur lui-même : « J'ai fait un peu de bien, c'est mon meilleur ouvrage. »
17. L'Encyclopédie, ses hommes et son œuvre.
18. L'art de Chateaubriand et son pittoresque dans le livre VI des *Martyrs*. Des pages telles que la bataille de Mérovée vous semblent-elles avoir été sans influence sur les historiens de la génération suivante?

HISTOIRE

1. Périclès et son siècle.
2. Exposer les origines de Rome, la situation de la ville, son aspect, son organisation pendant l'époque royale.
3. Les principales magistratures à Rome.
4. Conquête de l'Angleterre par les Normands.
5. La royauté française et la féodalité au XVe siècle.
6. Conséquences politiques de l'établissement de la Réforme en Europe.
7. Le rôle de la Suède sous Gustave-Adolphe et sous Charles XII.
8. Les deux révolutions d'Angleterre (insister sur leurs causes, leur caractère et leurs conséquences).
9. Le parti montagnard dans la Convention nationale.
10. Le tsar Alexandre Ier et la France.
11. La Prusse de 1815 à 1870.
12. Le règne et l'œuvre de Guillaume Ier jusqu'au traité de Francfort.

GÉOGRAPHIE

1. La mer du Nord. Description des côtes. États et grands ports.
2. La Normandie.
3. Les îles de la Méditerranée.
4. Les grands fleuves de l'Amérique.
5. L'Australie.
6. Le Japon.

ASPIRANTS. — SCIENCES

MATHÉMATIQUES

1. Théorèmes relatifs à la multiplication et à la division des nombres entiers (interversion des facteurs, etc.).
2. Théorie de la division des nombres entiers.
3. Plus grand commun diviseur de deux ou de plusieurs nombres entiers (sans employer la décomposition en facteurs premiers).
4. Plus petit commun multiple de deux ou de plusieurs

nombres entiers (sans employer la décomposition en facteurs premiers).

5. Diviseurs d'un nombre entier donné. Leurs propriétés, leur nombre. Diviseurs communs à deux nombres entiers donnés.
6. Multiplication et division des nombres décimaux.
7. Première leçon sur le système métrique.
8. Rapports et proportions; transformations de rapports égaux.
9. Equations et identités. Résolution d'une équation du 1er degré à une inconnue.
10. Etude du trinôme du 2e degré. Formes remarquables sous lesquelles on peut l'écrire.
11. Progressions géométriques. Propriétés. Somme des termes.
12. Intérêts composés et annuités.
13. Théorie des parallèles. Somme des angles d'un polygone.
14. Montrer comment la mesure des angles se ramène à la mesure de certains arcs.
15. Problèmes sur la tangente au cercle. Tangentes communes à deux circonférences.
16. Polygones réguliers; leur inscription dans le cercle.
17. Constructions géométriques résultant des théorèmes du troisième livre.
18. Droite perpendiculaire à un plan. Plan perpendiculaire à une droite. Angle de deux droites dans l'espace.
19. Projection orthogonale d'une droite; angle d'une droite et d'un plan; perpendiculaire commune à deux droites.
20. Angles dièdres. Plans perpendiculaires. Volume du parallélépipède et du prisme. Surface de la sphère. Zone. Applications.
21. Définition des différentes lignes trigonométriques d'un arc. Variations de grandeur et de signe de ces lignes.
22. Résolution d'un triangle et calcul de la surface, connaissant deux côtés et l'angle compris.

SCIENCES NATURELLES

1. Les glandes de l'appareil digestif. Forme, structure, fonctions.
2. Les mammifères. Caractères généraux et classification.

3. Les mollusques.
4. Respiration des plantes et assimilation chlorophyllienne.
5. Les fougères.
6. Les terrains secondaires. Répartition géographique. Stratigraphie. Fossiles principaux.

PHYSIQUE

1. Étude des vapeurs dans le vide et dans les gaz.
2. Mesure de l'état hygrométrique de l'air.
3. Fusion et solidification des corps.
4. Mesure des chaleurs spécifiques des corps solides.
5. Lois de la réfraction de la lumière. Réflexion totale.
6. Les lentilles divergentes.

CHIMIE

1. Le plomb et ses principaux composés.
2. Les principaux sulfates métalliques.
3. Les principaux chlorures métalliques.
4. La benzine et ses principaux dérivés.
5. Les glucoses.
6. Étude de l'aldéhyde éthylique et de l'acide acétique.

ASPIRANTES. — SCIENCES

MATHÉMATIQUES

1. Première leçon sur les fractions ordinaires; simplification; réduction au même dénominateur.
2. Opérations sur les nombres décimaux.
3. Première leçon sur les nombres premiers.
4. Théorie du plus grand commun diviseur, sans se servir de la décomposition en nombres premiers.
5. Intérêts simples; escomptes; rentes sur l'État.
6. Racine carrée d'un nombre entier à une unité près; à un dixième près.
7. Théorèmes et problèmes sur la tangente à la circonférence.
8. Propriétés des sécantes menées par un point à une circonférence. Réciproques de ces propriétés. Applications.

9. Mesure des angles.
10. Cas de similitude des triangles.
11. Du parallélogramme.
12. Mesure des aires (rectangle, parallélogramme, triangle, trapèze).
13. Définition et principales propriétés du polygone régulier. Inscription du carré, de l'hexagone et du triangle équilatéral.
14. Définition de la moyenne proportionnelle entre deux longueurs. Constructions correspondantes.
15. Lignes proportionnelles. Théorèmes sur les bissectrices des angles intérieurs et extérieurs d'un triangle.

SCIENCES NATURELLES

1. Appareil digestif de l'homme. Description et fonctions.
2. La respiration chez l'homme.
3. Les mammifères. Caractères généraux.
4. Les insectes.
5. La fleur. Description et fonctions.
6. La racine. Description et fonctions.
7. La graine et la germination.

PHYSIQUE ET CHIMIE

1. Etude expérimentale de la pesanteur. Direction, point d'application, intensité.
2. Mesure des grandeurs mécaniques et physiques. Insuffisance du système métrique. Système des unités absolues C. G. S. Conversion des mesures ordinaires en mesures absolues.
3. Application du principe d'Archimède aux gaz. Aérostats et navigation aérienne.
4. Corrélation entre la chaleur et le travail. Principe de l'équivalence. Notions sur la détermination de l'équivalent mécanique de la calorie. Idée du principe de Carnot.
5. Conséquences des lois de Coulomb. Notions fondamentales sur le potentiel électrique. Application à l'étude expérimentale de la condensation.
6. Principales expériences qui établissent la composition de l'eau.

7. Composition chimique des os. Usages industriels. Gélatine. Superphosphates. Noir animal.
8. Généralités sur les alcools et les éthers. Propriétés toxiques de ces corps.
9. Fabrication industrielle des alcools. Distillation. Rectification. Nécessité d'une bonne rectification.
10. Transformation de l'amidon en glucose. Fermentation alcoolique. La bière.
11. Sel marin. Extraction et principaux usages industriels.

LE NOUVEAU CERTIFICAT D'APTITUDE

A L'ENSEIGNEMENT DE LA COMPTABILITÉ

On sait qu'aux termes de la loi organique de l'enseignement primaire, nul ne peut être nommé dans une école publique à une fonction quelconque d'enseignement s'il n'est muni du titre de capacité correspondant à cette fonction (loi du 30 octobre 1886, art. 20). De même qu'il faut posséder le brevet élémentaire, ou le brevet supérieur, ou le certificat d'aptitude au professorat, pour être nommé instituteur ou professeur soit dans une école primaire supérieure, soit dans une école normale, de même, pour être, dans un de ces établissements, chargé d'un enseignement accessoire, il est indispensable légalement d'être pourvu d'un certificat correspondant à cet enseignement. Or les règlements du 18 janvier 1887, publiés pour assurer l'exécution des dispositions de la loi organique, n'avaient créé, en fait de certificats spéciaux pour les enseignements accessoires, que ceux se rapportant aux langues vivantes, au travail manuel, au dessin, au chant, à la gymnastique et aux exercices militaires (décret du 18 janvier 1887, art. 106). On passait sous silence la comptabilité, bien que cette matière figure dans les programmes des écoles primaires supérieures et doive même prendre une place fort importante dans celles de ces écoles où sont organisées des sections commerciales. C'était là incontestablement une lacune regrettable, de nature à nuire gravement aux intérêts des professeurs de comptabilité, qui, d'après la loi organique, ne pouvaient en aucun cas obtenir de nomination ministérielle et n'avaient à compter que sur de simples délégations, toujours précaires et révocables.

Cette lacune a été comblée par la loi du 25 juillet 1893, qui dispose, par son article 39, que, dans les écoles primaires supérieures et professionnelles de Paris et des départements, l'enseignement des langues vivantes, du dessin, de la *comptabilité* et de l'agriculture pourra être donné non seulement par des maîtres auxiliaires, mais par des professeurs *titulaires nommés par le ministre,* recevant un traitement fixe et acquérant des droits à la retraite, sous la seule condition d'être munis à la fois du certificat d'aptitude au professorat des écoles normales et des écoles primaires supérieures et *du diplôme spécial* de leur enseignement. Cet article 39 donnait ainsi l'existence légale au certificat d'aptitude à l'enseignement de la comptabilité, omis en 1887.

Peu de temps après, un arrêté ministériel (10 août 1893) déterminait le régime de l'examen à la suite duquel serait décerné le nouveau certificat.

En exécution de cet arrêté, une première session a eu lieu au mois d'avril 1894. Afin de renseigner utilement les aspirants et aspirantes qui recherchent en assez grand nombre ce diplôme, nous croyons devoir extraire d'un rapport que nous avons adressé à M. le ministre, comme président du jury d'examen, les indications suivantes :

ORIGINE DES CANDIDATS	PRÉSENTÉS	ADMISSIBLES	ADMIS
Aspirantes :			
Institutrices	8	2	»
Professeurs ou adjointes d'écoles primaires supérieures	7	»	»
Professeurs ou économes d'écoles normales	1	»	»
Professeurs d'enseignement commercial ou de comptabilité	4	3	2
Comptables	2	»	»
Sans profession	1	»	»
Aspirants :			
Instituteurs	39	5	5
Professeurs ou adjoints d'écoles primaires supérieures	21	5	3
Professeurs ou économes d'écoles normales	4	1	1
Professeurs d'enseignement commercial ou de comptabilité	2	1	1
Comptables, employés de commerce ou de banque	20	6	5
Professeurs ou répétiteurs des lycées et collèges	3	»	»
Sans profession	1	»	»
	113	23	17

Dix-sept certificats d'aptitude à l'enseignement de la comptabilité ont donc été délivrés par le ministre à la suite de ce premier examen.

I. — Épreuves écrites.

D'après l'arrêté du 10 août 1893, les épreuves écrites comprennent : 1° une composition sur un sujet de commerce et sur un sujet de comptabilité; 2° une composition sur une question d'arithmétique appliquée au commerce.

Les candidats ont eu à traiter en 1894 les questions suivantes :

1. Commerce et comptabilité.

1° Expliquer, d'une manière générale, ce qu'il faut entendre par l'art d'acheter et de vendre, par l'art de payer et de recevoir, et par l'art d'enregistrer les opérations ; indiquer les connaissances spéciales dont ils relèvent et dont l'ensemble constitue la science du commerce.

2° Théorie des comptes courants et d'intérêts.

Définition des trois méthodes : hambourgeoise, directe et indirecte.

Établissement du compte suivant, d'après la méthode directe :

M. DURAND, son compte courant et d'intérêts, arrêté au 13 mars 1892, chez M. MICHEL.

Le compte précédent, arrêté le 31 décembre 1891, se soldait par 4,200 francs en faveur du banquier.

1892

Janvier. 10 Durand remet à Michel une traite sur Versailles au 31 janvier, de 2,000 francs.

Janvier. 15 Michel escompte à Durand un warrant de 156 balles de coton à 150 fr. 25 l'une, payable le

31 mars 1892, taux d'escompte 4 5/8, quotité de prêt 72 0/0.

Janvier. 23 MICHEL encaisse pour DURAND 776 coupons donnant chacun 9 shillings; ils sont payés avec une prime de 0 fr. 08 par coupon, plus une bonification de 0 fr. 05 par livre sterling, commission 1/8 (le shilling calculé à 1 fr. 26).

Janvier. 28 DURAND remet une traite sur Lyon au 5 avril, de 3,000 francs.

Février. 2 MICHEL avance à DURAND 80 0/0 sur 1,560 francs rente 3 0/0 à 96 francs. Intérêts 2 0/0, à ajouter à celui du compte.

Février. 25 DURAND vend pour MICHEL, moyennant une commission de 3,78 0/0, 46 fûts de vin, à 178 fr. 50, payables à 45 jours.

Mars... 3 DURAND rembourse 15,000 francs à valoir sur l'avance du 2 février, intérêts payés ce jour.

Mars... 31 DURAND verse le solde de l'avance du 2 février, intérêts compris.

Intérêts à 3 1/2. — Effets à échéance fixe, valeur de l'échéance. — Payements valeur de la veille. — Change de place 1/10 pour 100.

Calcul immédiat des intérêts. — Employer la méthode directe.

2. Arithmétique.

1° Un banquier escompte deux effets :

L'un de 8,776 francs à 9 mois :

L'autre de 7,488 francs à 8 mois.

Il paye pour le premier 1,200 francs de plus que pour le second.

Quel est le taux de l'escompte commercial?

Quel serait le taux de l'escompte rationnel?

2° Pour acquitter de Paris sur Saint-Pétersbourg une dette à 20 jours, vaut-il mieux acheter du papier à 20 jours ou du papier à 90 jours?

Le taux d'escompte en Russie est 6 0/0, et la cote des changes de Paris porte :

Saint-Pétersbourg,	3 mois,	papier court :	267 1/2 et 4 p. 100.
—	—	papier long :	265 3/4 —

La question de commerce a été en général médiocrement traitée. Les candidats n'ont pas paru avoir l'habitude du travail méthodique qui consiste à diviser le sujet, à l'exposer, à le développer, pour arriver à des conclusions logiques. Les idées générales, souvent banales, étaient jetées sans ordre, sans lien; très peu ont su voir à quelles applications pratiques peut amener l'art d'acheter et de vendre. Nous avons eu le regret de constater une grande négligence dans la forme; de nombreuses fautes de français, et, l'avouerons-nous? des fautes d'orthographe témoignant d'un manque d'instruction élémentaire, et la pauvreté du fonds d'un défaut de culture générale assez inquiétant. Le jury se propose de se montrer à l'avenir plus sévère pour cette épreuve très importante, puisqu'elle permet de juger de la valeur intellectuelle des candidats, en même temps que de la solidité de leurs connaissances.

En ce qui concerne le sujet de comptabilité, il convient de noter que les points relatifs à la question de théorie se sont élevés :

pour l'ensemble des candidats à	530 1/2
alors que les points donnés à la solution pratique du compte courant n'ont été que de................	287 1/2
Différence en faveur de la théorie...	243 points.

Nous avons d'ailleurs constaté qu'aucun des comptes courants présentés n'était absolument juste. C'est donc, comme on voit, du côté des applications pratiques que les candidats devront porter leur attention et leurs efforts.

L'épreuve d'arithmétique commerciale a dénoté chez la plupart des candidats une préparation insuffisante.

Des questions proposées, la première, destinée surtout à préparer la seconde, a été résolue par presque tous les candidats. La seconde, conduisant à une équation du second degré, a été, en général, peu comprise. La commission était disposée à juger d'après la mise en équation du problème, plus que d'après l'exécution même de tous les calculs; mais, dans un très grand nombre de copies, l'équation n'était pas posée, ou bien elle était établie sur une base fausse; dans une vingtaine de copies environ, les explications étaient satisfaisantes.

La troisième question, relative aux changes, n'offrait pas de difficulté sérieuse et n'exigeait que la connaissance de la cote des changes de la place de Paris. Très bien résolue et expliquée par quelques candidats, assez bien par quelques autres, elle a paru absolument étrangère au plus grand nombre, et notamment à des candidats appartenant à l'enseignement.

II. — Épreuves orales.

Ces épreuves consistaient en interrogations, en leçons et en corrections de devoirs. Un double coefficient a été accordé pour les questions et leçons de commerce et de comptabilité.

D'une manière générale, et sauf quelques exceptions, le concours oral a été faible, surtout au point de vue des connaissances pratiques. Nous répéterons ce que nous avons dit plus haut des compositions écrites. Relativement aux questions d'arithmétique commerciale, la Commission a eu le regret de constater plus d'une fois l'insuffisance des connaissances et des aptitudes à propos des exercices de calcul rapide, de calcul mental, particulièrement utiles pour les personnes qui aspirent au certificat d'aptitude à l'enseignement de la comptabilité. La Commission pense que les aspirants et aspirantes doivent se familiariser avec les questions de banque, d'escompte, de changes, qui tiennent une place importante dans le programme.

Dans l'intention de guider les futurs candidats dans leur préparation, nous croyons devoir indiquer ici un certain nombre de questions et de leçons de commerce, de comptabilité, d'arithmétique et de législation proposées aux candidats par le jury.

1. Commerce.

Questions. — Qu'entendez-vous par commerce d'une manière générale? — Définissez le commerce de gros, de détail, ainsi que le commerce intérieur et extérieur.

Qu'est-ce que l'échange commercial et qu'entend-on par valeurs commerçables?

Qu'entend-on par prix d'achat, prix de revient et prix

de vente? Quels sont les éléments du prix de revient : 1° chez le commerçant; 2° chez le fabricant?

Quelles sont les pièces qui accompagnent la marchandise expédiée d'un lieu dans un autre? Qu'est-ce que le connaissement? en combien d'expéditions doit-il être fait, et peut-il être fait par ordre? Comment doit s'opérer le contrôle des marchandises?

Qu'appelle-t-on magasins généraux? Le récépissé et le warrant sont-ils transmissibles, et quelles sont les formes de leur endossement?

Quelles affaires traite-t-on aux bourses de commerce? Quelles affaires traite-on à la bourse des valeurs?

Décrivez la cote officielle.

Énumérez les différentes sortes de placement en valeurs mobilières.

Quels sont les différents modes d'assurances, et dites pourquoi il faut les développer dans notre pays sous toutes les formes.

Qu'appelle-t-on syndicats, et quelle différence y a-t-il entre le syndicat et la société en participation?

Sur quels principes doit-on organiser une maison de commerce?

Quels sont les moyens d'action du commerce?

Comment doit-on diviser les frais généraux?

Leçons. — Des banques de crédit. Dire quelles sont les opérations usuelles de ces établissements et quels services ils rendent.

Des entrepôts et des magasins généraux.

Qu'appelle-t-on compte courant et quelles sont les différentes méthodes employées pour dresser les comptes courants et d'intérêts?

De l'ordre et de l'économie qui doivent régner dans une maison de commerce; l'économie doit-elle porter sur la comptabilité, et quels services cette dernière, bien organisée, peut-elle rendre?

2. Comptabilité.

Questions. — Qu'est-ce que la comptabilité et qu'est-ce que la tenue des livres? Définissez les différentes sortes de comptables.

Qu'est-ce qu'un compte arithmétique et statistique, et qu'est-ce qu'un compte digraphique?

Qu'est-ce que l'actif et qu'est-ce que le passif?

Que pensez-vous du brouillard et par quels livres doit-on le remplacer?

Que doit indiquer le solde d'un livre et d'un compte de valeurs? Que constituent les journaux originaires par leur ensemble? Qu'est-ce que le journal général ou synthétique? tracez-en le modèle au tableau et inscrivez-y des articles. Qu'est-ce que le grand-livre général ou synthétique? tracez-en le modèle au tableau et inscrivez-y des opérations.

Qu'est-ce que la balance? Quels sont les rapports du journal général et du grand-livre général?

Quels sont les rapports des journaux originaires et des grands-livres originaires?

Quand un magasin contient des marchandises de natures différentes dont on veut connaître l'existant permanent, que fait-on?

Tracez au tableau un modèle de balance des écritures avec classification des comptes, et expliquez-le.

Expliquez l'utilité et le fonctionnement des comptes collectifs et du chiffrier-balance.

Dites à quel prix les valeurs de l'inventaire doivent figurer dans les comptes. Que faut-il entendre par inventaire intracomptable et par inventaire extracomptable, et qu'est-ce que la permanence de l'inventaire?

Faites la démonstration par le journal grand-livre synthétique de la permanence de l'inventaire dans les comptes.

Quelles observations avez-vous à présenter sur la

pratique du compte Marchandises générales et similaires ?

Expliquez comment le compte Marchandises générales peut être débiteur, alors que le magasin est vide, créditeur ou nivelé alors que le magasin renferme des marchandises.

Leçons. — Montrez le fonctionnement des comptes Achats, Magasin et Ventes.

Parlez du capital d'une maison d'industrie, de sa répartition en capitaux immobilisés, disponibles et engagés en fabrication.

Traitez de la conduite des affaires ; du capital personnel ou social, du capital en crédit et des ressources qu'on en tire.

Traitez du compte Frais généraux fixes et variables et de leurs rapports avec le chiffre d'affaires ; de la manière d'imputer les frais généraux dans le commerce et dans l'industrie.

Définissez le journal général et faites connaître les divers journaux auxiliaires qui en sont la base ; exposez ensuite les rapports de ces journaux avec les grands-livres ; montrez l'utilité d'additionner les livres et les comptes et d'en faire la balance.

Faites la nomenclature des principaux comptes d'une entreprise quelconque de fabrication, en société anonyme ; classez ces comptes par séries similaires et montrez quel résultat d'ordre comptable et économique vous obtenez à la balance par suite de ce classement.

3. Arithmétique.

Questions et leçons. — Effectuer le produit d'un nombre donné, soit 47,839, par un facteur de 2 chiffres tel que 52, sans détails de produits partiels : faire, sur cet exemple, l'application et la théorie complète de la preuve par 9.

Trouver immédiatement, par une simple opération mentale, l'intérêt de 70,000 francs à 6 0/0 pendant 78 jours.

Calculer la valeur en monnaie française d'un chèque sur Londres de £ 268.13.10 au change de 25.325, en ne faisant que deux produits partiels. Incidemment, conversion des shillings et pence en fractions décimales de livres, et réciproquement.

Calcul mental : la valeur de £ 73 à 25, à 25.25, à 25.125.

Exposer le système monétaire de l'Allemagne. Calculer la valeur des pièces d'or allemandes. Valeur du kilogramme d'or pur en monnaie française et en monnaie allemande.

Calcul mental; poids de 3 millions en or; poids de 4 milliards en argent.

Calculer les intérêts de £ 679.13.7 d'après le taux 4 7/8 pour 100, l'année étant de 365 jours. Comparer les méthodes de calcul et les résultats, suivant que l'année est comptée de 360 ou de 365 jours.

Produit par 11 de nombres quelconques de deux chiffres, soit 73×11, 97×11, etc.

Système monétaire de la Russie. Comparaison des valeurs intrinsèques et des valeurs au change, lorsque la cote porte : Saint-Pétersbourg 3 mois : papier long 261 1/4, papier court 263 et 4 0/0. Trouver d'après cette cote les valeurs de 10,000 roubles à vue, à 1 mois, 2 mois, 3 mois. Déduire de cette cote le taux d'escompte à Saint-Pétersbourg.

Dresser le bordereau d'achat de 6.000 francs 3 pour 100 à 99.75. Faire connaître immédiatement l'impôt levé par l'État, la part payée par l'acheteur, le courtage de l'agent de change. Si le cours monte de 0.25, quel sera le bénéfice?

Tirer immédiatement la valeur de x de l'équation suivante :

$$m(x-a)+n(x-b)+p(x-c)=m'(x-a') + n'(x-b')+b'(x-c').$$

Monnaies hollandaises, valeur intrinsèque, valeur au change. Calculer, sans écrire, la valeur de 37 florins à 2.10; de 123 florins à 2.10, etc.

Expliquer la résolution d'une équation du second degré. Résolution sans formule, sans calcul écrit, d'une équation facile, telle que

$$x^2 - 23x + 60 = 0.$$

4. Législation.

Questions et leçons. — Quels actes ont le caractère d'acte de commerce?

Caractères distinctifs et règles générales des Sociétés par actions.

De la responsabilité du voiturier.

Du gage en matière commerciale.

Faire la comparaison de la lettre de change et du billet à ordre.

Droits et devoirs du porteur non payé.

Comparer la faillite et la liquidation judiciaire.

De la preuve en matière commerciale.

Expliquer le rôle des commissionnaires en marchandises. De quelles manières différentes peuvent-ils intervenir?

Faire connaître les règles spéciales aux transports par chemins de fer.

De la capacité commerciale de la femme mariée et non mariée.

De l'hypothèque maritime.

Des garanties spéciales accordées à la femme d'un commerçant failli.

Des titres au porteur et des titres nominatifs.

III. — Épreuves écrites. — Sujets proposés en 1895.

(4 heures pour l'ensemble des épreuves écrites.)

1. Sujet de commerce et de comptabilité.

1° Des différentes formes du capital et des différentes espèces de capitaux dans les entreprises industrielles et commerciales.

2° Dressez l'inventaire d'entrée, par actif et passif, d'un fabricant dont l'apport se compose comme suit : 1° 245,000 francs espèces; 2° un fonds d'industrie qu'il vient de payer 100,000 comptant; 3° une usine, savoir : *immeuble* 80,000 francs, *matériel fixe* 70,000 francs, *outillage mobile* 30,000 francs, *matières premières* 100,000 francs, *matières en transformation* dans les ateliers 25,000 francs, ensemble 305,000 francs, sur lesquels il a été payé comptant 155,000 fr., les 150,000 fr. restant dus étant à porter au crédit de X..., vendeur.

Faites la passation au journal, en deux articles, de cet inventaire d'entrée. Observez dans cette passation l'ordre d'une classification rationnelle des comptes à ouvrir au grand-livre général. Ouvrez ces comptes et dressez-en la balance, classifiée par séries de valeurs, de façon qu'on distingue nettement le capital *immobilisé*, le capital *roulant*, le capital *d'échange*, le capital *engagé* et le capital *de crédit* de l'entreprise qui commence.

2. Sujet d'arithmétique appliquée au commerce.

1° Sur un effet à 4 mois de date, un banquier a retenu :

1. L'escompte commercial d'après le taux de 4 p. 100;
2. Une commission de 3/8 p. 100;

La valeur payée comptant a été de 856.793 fr. 45.

3. Un droit de change de place de 5/16 pour 100.

On demande :

1. La valeur nominale de l'effet;

2. Le taux de placement pour le banquier escompteur.

2° J'ai acheté pour £ 522.10 de coton, que j'ai payé en une valeur sur Londres à 3 mois, achetée à la Bourse de Paris à 25 fr. 16 moins 2 5/8 p. 100. J'ai revendu ces cotons à Hambourg pour 10.800 Reichsmarks, dont je me suis remboursé en mon chèque que j'ai négocié à Paris à 122 1/2 plus 4 p. 100. J'ai eu à payer 3 £ de fret et assurance de Liverpool à Hambourg. Quel est mon bénéfice en francs ?

IV. — Sujets proposés en 1896.

(4 heures pour les trois épreuves réunies.)

1. Comptabilité.

Une société à capital variable, par actions, se constitue au capital de 200,000 francs; elle émet à cet effet 4,000 actions de 50 francs chacune.

Les versements sur les actions s'effectueront par dixièmes.

Les premier et deuxième versements ont été appelés et versés.

Toutefois, avant l'appel du deuxième versement, dix actions sont annulées en vertu de la délibération de l'assemblée générale; le premier dixième avait été versé sur ces actions; les souscripteurs ont droit à la reprise de leur versement.

Deux actionnaires, souscripteurs chacun d'une action libérée du premier versement, et un troisième actionnaire, souscripteur de trois actions libérées également du premier versement, n'ayant pas effectué le deuxième versement, sont, en vertu d'une délibération de l'assemblée générale prévue par les statuts, déchus de leurs droits à la reprise des acomptes qu'ils ont pu effectuer, et leurs actions sont annulées.

1° Passer les écritures au *journal*.

2° Donner le libellé, sans chiffres, de l'écriture qui devrait être passée dans le cas où, le premier versement ayant été effectué, un actionnaire laisserait dans la suite, pour un ou plusieurs versements ultérieurs, le dividende qui lui revient, ce dividende étant inférieur au versement échu qui est complété par espèces.

2. Commerce.

Bourse de commerce. — Son utilité, son fonctionnement. — Denrées et marchandises admises à la cote. Énumération succincte des divers marchés : *au comptant, à terme, à prime*. Liquidation des affaires à terme. Emploi de la filière.

3. Arithmétique.

1° X... emprunte 45,000 francs et s'engage à se libérer au bout de deux ans, l'intérêt échu au bout d'un an étant capitalisé à un taux convenu. Au bout d'un an il verse 30,000 francs, au bout de deux ans 2,173 francs. Le créancier lui ayant tenu compte de l'intérêt de ses deux premiers versements, il se trouve complètement libéré.

Quel est le taux convenu ?

2° Un capitaliste achète à Paris un chèque sur Londres au cours de 25 fr. 25 la livre sterling. Il place à Londres le montant de ce chèque le 1er février 1895 à 4 p. 100 l'an (intérêt simple).

Il retire ses fonds le 1er avril 1896, capital et intérêt compris, et il achète, par contre, à Londres, un chèque sur Paris de 153.833 fr. 40, au cours de 25 fr. 20 la livre sterling.

Quelle somme avait-il déboursée à Paris pour ce placement ?

V. — Sujets proposés en 1897.

1. Commerce et comptabilité (5 heures).

1° Des différents placements.

2° 1. Passer au journal les écritures d'ouverture des livres de la société en nom collectif J. Alvarès et Remond, ainsi constituée :

Par acte sous seing privé en date du....., il est formé une société en nom collectif entre J. Alvarès et Remond.

J. Alvarès apporte à la société :

1° Fonds de commerce estimé à...	5,000 fr.
2° Mobilier estimé à	5,000
3° Marchandises estimées à........	50,000
4° Espèces	80,000

Remond verse en espèces dans la caisse de la société 80,000 fr. Les bénéfices seront partagés dans la proportion de : deux tiers à Alvarès, un tiers à Remond; les pertes seront supportées dans les mêmes proportions.

2. Après trois années d'exercice, la société se trouve dans la nécessité de liquider.

Le bilan se présentant comme suit :

Alvarès, s/c capital		160,000 fr.
Remond, s/c capital		80,000
Caisse	5,316	
Marchandises générales......	200,788	
Débiteurs	11,817	
Effets à recevoir.............	8,000	
Effets à payer	»	28,441
Créditeurs divers	»	17,920
Fonds de commerce	25,000	
Agencement,..................	27,880	
Pertes et profits	7,560	
Totaux.....	286,361	286,361

passer les écritures de la liquidation.

Quelle est la perte pour chacun des associés ?

Dans les opérations de la liquidation, les marchandises sont vendues avec 40 p. 100 de perte sur l'estimation en écritures.

Les débiteurs insolvables s'élèvent à 20 p. 100 du montant des débiteurs au bilan.

Le fonds de commerce, y compris le mobilier et l'agencement, est vendu 15,000 francs.

2. Arithmétique appliquée au commerce

(3 heures).

1° Nous remettons à l'escompte à la banque de France un effet nominal de 200,000 francs dont l'échéance moyenne est de 63 jours, le taux de l'escompte étant 2 pour 100. Nous demandons de l'or en échange ; nous vendons cet or aux États-Unis à 8 pour 1000 de prime sur le cours de dollars 664.62 par kilogramme d'or fin. Mais les pièces de 20 francs que nous avons envoyées ne sont reçues qu'au titre de 0,899 ; d'autre part, la moyenne du poids de nos pièces est de 6 gr. 45. Tous les frais montent à 6 pour 1000. En tirant sur les États-Unis, nous touchons net 5 fr. 20 par dollar.

Quel est le bénéfice de l'opération ?

2° Un négociant demande à remplacer un billet de 1.200 francs payable le 1er juillet par trois autres dont les valeurs nominales soient en progression arithmétique, le premier ayant la plus petite valeur, payables, le premier au 1er mai, le deuxième au 1er juin et le troisième au 1er septembre.

Quelles doivent être les valeurs nominales de ces trois billets ? (Échéance moyenne commerciale.)

VI. — Sujets proposés en 1898.

1. Comptabilité. — Une société en nom collectif dont le bilan se présente ainsi :

ACTIF		PASSIF	
Fonds de commerce	100.000 fr.	A. s/c capital	130.000 fr.
Matériel industriel	123.229 —	B. —	120.000 —
Usines (constructions)	324.700 —	C. —	80 000 —
Terrains (usines)	150.000 —	D. —	270.000 —
Marchandises fabriquées en magasins	142.783fr,35	Fonds de réserve (amort. matériel)	25.400 —
Matières premières	67.902fr,45	Fonds de réserve (amort. constructions)	64.940 —
Espèces en caisse	22.901fr,20	Réserve statutaire	66.000 —
Banquiers	83.864fr,40	Créditeurs divers	254.569fr,15
Débiteurs	170.301fr,65	Fonds de prévoyance (ouvriers)	32.117fr,75
Effets à recevoir	42.715fr,20	Effets à payer	92.913fr,55
		A. Son compte courant	27.215fr,25
		B. — —	43.710 fr.
		C. — —	8.411fr,30
		D. — —	13.115fr,25
Totaux	1.228.397fr,25		1.228.397fr,25

est transformée en société anonyme par actions sur les bases suivantes :

L'ancienne société fait apport à la nouvelle société de tout son actif, et celle-ci prend à sa charge le passif de l'ancienne société, y compris les comptes courants des associés.

Le capital de la nouvelle société sera de 2.000.000 de francs, divisé en 4.000 actions de 500 francs.

Il sera attribué aux associés de l'ancienne société, en représentation de leurs parts de capital dans l'ancienne société et du fonds de réserve statutaire, 1.600 actions d'apport entièrement libérées, dont la répartition s'effectuera proportionnellement aux mises sociales de chacun des associés.

La plus-value de cette répartition sur le montant du fonds de réserve statutaire et du capital de A, B, C et D est considérée comme une augmentation de la valeur du fonds de commerce.

Les actions de la nouvelle société, souscrites en numéraire, ne sont libérées que des deux premiers quarts, dont le montant a été versé chez les banquiers de la société.

Passer les écritures de clôture de la société en nom collectif et les écritures d'ouverture de la société anonyme.

2. Commerce.

Déterminer les différents avantages qui ressortent pour le commerçant des assurances sur la vie, entières ou mixtes, et des assurances contre l'incendie, soit à prime fixe, soit mutuelles.

3. Arithmétique appliquée au commerce.

1° Je dois 1.000 Reichsmarks à Berlin payables au reçu de mon envoi.

Je trouve du papier à 10 jours de vue à 122 1/8, et du papier à 60 jours de vue à x fr. Le taux de l'escompte sur marché libre à Berlin est 3 3/8 pour 100. Quel doit être le cours x pour qu'il soit indifférent pour moi d'envoyer du papier court ou du papier long ? — L'escompte à Berlin sera fait en dedans.

(On ne tiendra pas compte des commissions.)

2° Une commune emprunte 10 millions au taux de 5 pour 100. Elle doit rembourser cette somme en 10 ans par 10 amortissements variables.

L'État a garanti à la commune le payement des amortissements; mais, au lieu de lui payer une somme qui varie tous les ans, il veut lui payer chaque année une somme fixe.

Quelle somme doit-il payer chaque année ?

(L'usage de la table de logarithmes n'est pas autorisé.)

A PROPOS DES CANDIDATS AUX BOURSES

DANS LES ÉCOLES PROFESSIONNELLES

[Au nom de la Commission chargée d'examiner les candidats aux bourses qui sont accordées chaque année dans les écoles nationales professionnelles de Vierzon, de Voiron et d'Armentières, M. l'inspecteur général Martel a adressé à M. le directeur de l'enseignement primaire la lettre suivante, qui contient des indications, des conseils utiles, destinés à guider les instituteurs qui préparent les candidats.]

MONSIEUR LE DIRECTEUR,

La Commission chargée d'examiner les candidats aux bourses dans les écoles nationales professionnelles a invité son président à vous communiquer quelques remarques qui ont trait aux épreuves de cet examen, particulièrement aux épreuves orales, et qu'elle serait désireuse de voir porter, par les moyens de publicité dont l'administration dispose, à la connaissance des instituteurs dont les élèves se présentent au concours. Faute d'être suffisamment renseignés sur les vues de la Commission et sur le caractère que l'examen doit avoir, certains maîtres, nous avons pu le constater à plusieurs reprises, font fausse route et se donnent parfois beaucoup de peine pour n'obtenir que de piètres résultats. Il est de notre devoir de leur montrer la voie : nous avons l'assurance qu'ils s'y engageront résolument, au grand profit des jeunes gens dont la préparation les occupe.

Trois sortes d'épreuves, dans les sessions qui ont eu lieu durant ces dernières années, nous ont donné médiocre satisfaction : l'arithmétique, l'histoire, le dessin.

En arithmétique, nous avons observé, dans presque tous les centres d'examen, que le calcul mental était, en général, trop négligé. Des enfants qui arrivent à résoudre assez convenablement un petit problème ont peine à faire de tête une opération simple. Nous recommandons instamment aux instituteurs la pratique constante du calcul mental. Pour y accoutumer les élèves, il convient de leur proposer méthodiquement une série d'exercices gradués, et surtout de réserver, *dans chacune des classes d'arithmétique,* une dizaine de minutes exclusivement consacrées à des calculs qu'ils devront faire de tête, rapidement. Nous rappelons qu'en cette matière l'emploi des procédés pratiqués à l'école La Martinière peut rendre d'utiles services[1].

Pour ce qui concerne l'histoire, nous remarquons que trop de maîtres encore s'attardent sur la période du moyen âge et sont ainsi amenés, faute de temps, à ne donner à leurs élèves qu'une idée vague, insuffisante, de l'histoire moderne et contemporaine, celle dont la connaissance contribue surtout à l'é-

1. Voir à ce propos *Notice sur l'école La Martinière*, par T. Lang (Lyon, imprimerie Sezanne, 1883), pages 37 et suivantes ; et, pour plus de détails, l'*Exposé de la méthode Tabareau*, par l'auteur (Lyon, imprimerie Perrin, 1863).

ducation civique de notre jeunesse française. A ce propos, nous pouvons, aux instituteurs qui préparent les candidats, dire ceci : Sur dix questions posées aux aspirants par les membres de la Commission d'examen, sept au moins porteront sur les faits postérieurs au xve siècle. Ils sont donc bien et dûment avertis. A eux de profiter de l'indication que nous leur fournissons ici.

Les exercices de dessin permettant aux enfants d'arriver à faire rapidement et clairement le croquis coté d'un objet simple et la mise au net, à l'échelle, de ce croquis, sont commencés beaucoup trop tard partout où l'enseignement revêt un caractère technique ou professionnel. La Commission estime qu'il en résulte un inconvénient grave pour la suite des études, et elle pense le combattre efficacement, dans la mesure de ses moyens d'action, en exigeant une épreuve de dessin telle que le croquis bien coté, ou sa mise au net à une échelle déterminée, soit suffisant pour permettre à un bon ouvrier de construire l'objet représenté, sans en avoir un spécimen sous les yeux : c'est donc un dessin géométral qu'elle exige, et non une esquisse de perspective.

Pour le travail manuel, il serait bon que les candidats fussent également prévenus des exigences de la Commission : celle-ci accepte, au besoin, un exercice de cartonnage qui lui permet de juger des connaissances géométriques des candidats; mais elle préfère de beaucoup un exercice de bois ou de fer (au choix de l'aspirant), dont le tracé fournit les mêmes éléments d'appréciation que le travail du carton, mais qui renseigne, en outre, sur les aptitudes manuelles du candidat. Il ne paraît pas difficile, pour les instituteurs qui préparent des aspirants aux bourses nationales, d'organiser, soit à l'atelier scolaire, soit, à la rigueur, chez un ouvrier voisin, un enseignement manuel comprenant les exercices prévus au programme du cours supérieur de l'école primaire élémentaire.

Veuillez agréer, etc.

DEUXIÈME PARTIE

ENSEIGNEMENT

ENSEIGNEMENT GÉNÉRAL, ENSEIGNEMENT PROFESSIONNEL ET TECHNIQUE

DE LA RÉPARTITION DE L'ENSEIGNEMENT

ENTRE LES MAITRES

DANS LES ÉCOLES A PLUSIEURS CLASSES

Les instituteurs placés à la tête d'écoles à plusieurs classes ont à remplir un double devoir : il ne faut pas seulement qu'ils s'occupent d'instruire les enfants qui leur sont confiés ; ils doivent encore, quand ils ont sous leurs ordres des adjoints stagiaires, s'appliquer à préparer aux fonctions de l'enseignement ces maîtres qui débutent, s'efforcer d'en faire des instituteurs expérimentés et capables, en état de rendre plus tard, dans les diverses situations auxquelles ils seront appelés comme titulaires, les services que l'administration et les familles sont en droit d'attendre d'eux. Or, si les chefs d'établissement apportent tous, ou peu s'en faut, le plus grand zèle, le plus entier dévouement à l'instruction de leurs élèves, il arrive parfois qu'ils ne se donnent pas autant de peine pour l'éducation professionnelle de leurs jeunes collaborateurs; et cependant cette seconde partie de leur tâche n'est ni moins intéressante ni moins importante que la première. Le stagiaire qui exerce aujourd'hui en qualité d'adjoint sera, dans quelque temps, son certificat d'aptitude pédagogique obtenu, mis lui-même à la tête d'une petite école où il aura nécessairement à conduire à la fois des élèves du cours préparatoire, du cours élémentaire, du cours moyen. Il faut que, durant le temps de son apprentissage, il ait pu faire la classe à des enfants de différents âges, depuis les plus jeunes jusqu'aux plus grands. Aussi ne pouvons-nous que désapprouver la conduite de certains directeurs d'écoles qui, lorsqu'un nouvel adjoint leur est envoyé, lui assignent telle ou telle classe à conduire, et l'y laissent, sans qu'il en bouge, durant toute l'année scolaire, quelquefois même plusieurs années de suite. On voit ainsi, le fait n'est pas rare, de jeunes maîtres prendre la direction d'une école à une seule classe, où les trois cours sont réunis, sans avoir jamais eu devant eux précédemment que des enfants d'un seul de ces cours; à l'égard de ceux des deux autres, ils ont à entreprendre un apprentissage nouveau qu'ils font avec peine, sans direction, sans guide et au détriment de leurs élèves.

C'est là, croyons-nous, un grand mal. Le moyen de l'éviter nous paraît facile. Il consiste à établir dans l'école une sorte de roulement qui permette à chaque adjoint, pendant la durée de son stage, de s'exercer à enseigner tour à tour dans le cours préparatoire, dans le cours élémentaire, dans le cours moyen et dans le cours supérieur. Nous n'entendons pas que, par suite de ce roulement, les déplacements des maîtres soient trop fréquents; car il pourrait alors en résulter des inconvénients pour les études. Dans notre pensée, le directeur, une fois ou deux fois au plus chaque semaine, abandonnera le cours dont il s'est spécialement chargé et le confiera à l'un de ses adjoints, dont il prendra lui-même ce jour-là les élèves. Il trouvera dans cette façon de procéder un double avantage : il procurera, comme c'est son devoir, aux jeunes instituteurs placés sous ses ordres, l'occasion d'enseigner dans des conditions qui ne seront pas perpétuellement les mêmes, et, en outre, il pourra s'assurer avec la plus grande certitude de la manière dont chacun d'eux conduit sa classe et des résultats qu'il obtient.

A ce système, que nous préconisons pour la répartition de l'enseignement entre les maîtres dans les écoles à plusieurs classes, deux objections, à notre connaissance, ont été faites. On dit : Tel directeur a un excellent maître adjoint dans le cours élémentaire; pourquoi l'obliger à envoyer ce maître dans le cours supérieur, où il sait d'avance qu'il échouera? L'objection nous toucherait s'il était certain que l'adjoint dont il s'agit, et qui réussit d'une facon si heureuse dans le cours élémentaire, ne devra jamais, pendant le cours de sa carrière, avoir affaire qu'à des enfants de sept à neuf ans. Mais il n'en est rien. Ce maître qui n'est pas sans valeur, qui possède même de sérieuses qualités pédagogiques, puisqu'il excelle (et l'on sait que ce n'est pas chose facile) à faire la classe aux plus jeunes enfants d'une école élémentaire, ce maître prétendra un jour ou l'autre à un avancement qu'on ne saurait lui refuser. De stagiaire, il deviendra titulaire. Comme titulaire, il ne restera pas toujours adjoint. L'administration le placera tôt ou tard à la tête d'une école, et tout d'abord d'une petite école à une classe, où il aura comme élèves des enfants des trois cours. Quelle figure fera-t-il, si jamais antérieurement, par la faute de son directeur, il n'est sorti, dans son enseignement, des étroites limites du cours élémentaire? C'est alors qu'il échouera, et cette fois dans des conditions bien autrement tristes et fâcheuses, car il n'aura plus à ses côtés, comme au temps où il était adjoint, un collègue plus expérimenté pour l'aider de ses conseils, pour lui indiquer les meilleures méthodes.

Celui qui se consacre à l'enseignement primaire doit nécessairement faire, un jour ou l'autre, l'apprentissage complet de la difficile profession d'instituteur. Cet *apprentissage complet,* nous répétons le mot à dessein, convient-il qu'il le fasse seul, livré à ses propres forces, ou ne vaut-il pas mieux qu'il l'achève alors que, exerçant en sous-ordre, il a auprès de lui son chef hiérarchique, son directeur, pour le guider et le reprendre à l'occasion? Telle est, croyons-nous, la question. Si on la pose ainsi, la réponse, à ce qu'il nous semble, ne saurait être douteuse.

Mais ce jeune maître, qui enseigne avec succès au cours élémentaire, échouera certainement, dit-on, au cours supérieur. Qu'en sait-on, si l'on ne tente pas l'épreuve ? Qu'on le mette à l'essai, et qu'on ne se décourage pas trop vite, s'il se montre d'abord malhabile. C'est précisément le rôle, le devoir de l'instituteur placé à la tête de l'école, de le corriger, de le former peu à peu; s'il néglige ce soin, il ne sera pas véritablement ce qu'il doit être, un *directeur*. Grâce aux conseils qui lui seront donnés, l'adjoint, qui aura d'abord été médiocre dans tel ou tel cours, deviendra bientôt plus expert, puis meilleur encore. Il en sera de lui comme du renard de la fable :

D'abord il s'y prit mal, puis un peu mieux, puis bien :
Puis enfin il n'y manqua rien.

Une autre objection a été présentée. On a dit : Il y a dans une école des adjoints qui ne possèdent que le brevet élémentaire et qui n'auraient pas, pour diriger le cours supérieur, toute l'autorité nécessaire. Nous répondrons ceci : Que le cours supérieur ne soit pas celui dont sont chargés ordinairement et de préférence les maîtres dont il s'agit, nous n'y contredisons point; mais que jamais, parce qu'ils ne sont pourvus que du brevet élémentaire, ils ne soient appelés à faire une leçon aux élèves du cours supérieur, ce serait, à notre avis, déplorable, et la raison sur laquelle nous fondons cette opinion est toujours la même : c'est que ces jeunes instituteurs, pour la plupart, deviendront un jour titulaires, qu'ils dirigeront en cette qualité une école où ils auront comme élèves des enfants de sept à treize ans, et qu'ils devront alors avoir déjà acquis l'expérience de l'enseignement dans les trois cours réglementaires. Peut-on d'ailleurs prétendre qu'il faille de toute nécessité posséder le brevet supérieur pour faire convenablement la classe aux élèves du cours supérieur dans une école primaire élémentaire? Si cette idée, peu d'accord avec les faits, était juste, elle se serait certainement traduite par une disposition de loi ou de décret qui eût exigé le brevet supérieur de tout instituteur mis à la tête d'une école, et même de tout adjoint chargé du cours supérieur. Or, on sait que, dans la législation actuelle, la possession du brevet supérieur n'est obligatoire que pour les maîtres qui dirigent des cours complémentaires (décret du 18 janvier 1887, art. 31 et 32).

Nous persistons donc à penser, jusqu'à meilleur avis, que le système du roulement doit, avec la mesure et dans les conditions que nous avons indiquées, être mis en pratique dans toute école à plusieurs classes, au moins quand les maîtres qui y exercent comme adjoints sont des débutants, des stagiaires. Nous n'ignorons pas, nous avons pu le constater par notre propre expérience, que quelques directeurs d'école, heureusement en petit nombre, n'y sont pas favorables, par la raison, qu'ils n'avouent point, que ce système a pour effet de leur imposer un surcroît de peine et de travail. Mais il est facile de triompher de ces résistances intéressées. L'application du système dépend des inspecteurs d'Académie et des inspecteurs primaires... Il leur appartient de s'opposer à cette pratique défectueuse, contre laquelle nous nous élevons, qui consiste à spécialiser le jeune maître dès le début et qui ne lui permet de faire de la sorte qu'un stage partiel, incomplet, insuffisant.

DE L'ENSEIGNEMENT DE LA LANGUE
ET DE L'ORTHOGRAPHE

Qu'il faille, dans les écoles, apprendre à l'enfant non seulement le sens des mots et la manière de les employer, mais leur forme, leur orthographe, c'est ce que personne ne saurait songer à contester. Mais de quelle méthode, de quels procédés se servir, pour habituer vite les élèves à écrire correctement les mots ? C'est sur ce point qu'on n'est pas encore arrivé à s'entendre.

En fait, dans nos écoles primaires, la grande majorité de nos instituteurs ne connaissent et ne pratiquent, pour apprendre l'orthographe, qu'un exercice : la dictée. Ce qu'on fait de dictées dans nos classes est inimaginable. Souvent une dictée par jour est de règle, et, à l'approche des examens du certificat d'études, nombre de pauvres petits candidats sont condamnés quotidiennement à plusieurs dictées! Évidemment, les maîtres qui agissent ainsi ne se rendent pas compte des inconvénients que présente cet exercice, employé d'une façon exclusive ou tout au moins prédominante. Ces inconvénients sont de divers genres.

D'abord la dictée est un exercice lent, qui exige beaucoup de temps, et nous en avons, hélas! si peu!

Supposons une dictée de douze à quinze lignes. Le maître lira d'abord le texte, puis il le dictera, sans aller trop vite, pour que les élèves puissent écrire convenablement ; ensuite on relira ; ordinairement quelques minutes seront accordées aux écoliers pour qu'ils relisent à leur tour avec attention, avec réflexion, ce qu'ils ont écrit, et qu'ils corrigent les fautes dont ils s'apercevraient ; enfin on corrigera. Si l'on a recours, comme c'est le cas le plus fréquent, au procédé de l'épellation des mots, nous n'exagérons rien en affirmant que quarante minutes au moins auront été prises par cette dictée.

Si encore ce temps avait été employé avec profit ! Mais plus de la moitié de nos quarante minutes auront été occupées en pure perte. Nous nous sommes récemment livré, en inspectant une école, à l'expérience suivante. On faisait une dictée. Le texte choisi comprenait 414 mots. De ces 414 mots, nous en avons compté 23 à propos desquels des remarques utiles ont pu être faites aux élèves. Les 391 autres ont été inutilement lus, dictés, écrits, relus, épelés. Il eût été facile, par des procédés plus ingénieux, moins routiniers, de mettre en vedette, sans perdre de temps, les 23 mots sur lesquels on avait quelque chose à dire.

Mais ce n'est pas tout : il est impossible, au moyen de la dictée, d'avoir dans les exercices grammaticaux l'ordre, la progression qui sont indispensables. Nous nous trompons : il y a un moyen, et on l'a longtemps pratiqué dans ce genre de dictées qu'on a souvent appelées les *dictées de l'Hôtel de Ville*. Il existe encore, un peu à l'état de curiosités archéologiques, des recueils de ces exercices. Dans des phrases extraordinaires, on colligeait toutes les difficultés possibles à propos de l'emploi de telle ou telle tournure, de l'application de telle ou telle règle, et l'on arrivait inconsciemment de la sorte à des résultats d'un comique achevé. On a aujourd'hui, avec raison, renoncé à ces bizarreries.

Les textes qu'on donne comme dictées sont empruntés à quelque auteur, classique ou autre. C'est fort bien; mais l'écrivain à qui l'on fait cet emprunt n'a point pensé, lui, en composant son œuvre, à tel ou tel cas particulier de difficulté orthographique, à telle ou telle règle de notre grammaire, de façon que jamais les quelques lignes extraites de son livre ne peuvent avoir pour effet de fixer, comme cela est souvent nécessaire, l'attention de l'enfant d'une manière spéciale sur tel ou tel détail auquel il faut que son esprit s'attache. De là, dans l'enseignement de l'orthographe par le seul moyen de la dictée, du désordre, de l'incohérence, et, par suite, des progrès fort lents.

Enfin, le plus souvent les maîtres de nos écoles se servent de la dictée de telle manière qu'il semble qu'une seule chose importe, la forme des mots; mais le sens de ces mots, les choses qu'ils représentent, les idées qui y sont renfermées, de tout cela on ne paraît pas se soucier.

Ces critiques, que nous résumons ici, ont été à plusieurs reprises exposées avec autorité par un homme qui, en ces derniers temps, a émis sur les questions d'instruction primaire les idées les plus justes, les plus pratiques : nous voulons parler de notre ancien collègue M. Carré, aujourd'hui inspecteur général honoraire de l'instruction publique...

« D'une manière générale, dit M. Carré[1], il y a d'abord les personnes, les animaux, les choses. L'enfant peut les connaître ou ne pas les connaître. Tout ce qu'il ne connaît pas est pour lui comme n'étant pas; quant à ce qu'il connaît, il s'en forme une sorte d'image, c'est l'*idée*. Mais cette idée ne devient nette et précise que lorsqu'il l'attache à un *mot*, qui lui donne comme un corps et qui en est l'expression, qui lui permet d'en parler. Enfin ce mot s'écrit avec certaines lettres disposées dans un certain ordre : c'est l'*orthographe*. Les choses et les idées d'abord; les mots ensuite, ou plutôt les mots toujours unis aux idées avec lesquelles ils forment comme un tout; et enfin, la manière dont ces mots s'écrivent, tel est l'ordre dans lequel un enfant devrait poursuivre ce triple but de l'étude du langage. »

Ainsi donc, d'abord les choses, puis les mots qui les désignent. Mais, parmi le nombre infini de choses dont on peut parler à l'enfant, il y a un choix à faire, et ce choix ne saurait être arbitraire. Pour procéder méthodiquement, nous arrêterons d'abord l'esprit de l'enfant sur les êtres matériels, sur les choses du milieu où il vit, sur les qualités

1. *Le Vocabulaire français; Étude méthodique et progressive de la langue usuelle* (Préface du livre du maître).

de ces choses qu'il peut percevoir, puis sur les actes qu'il peut accomplir ou qui s'accomplissent sous ses yeux, enfin sur les états qu'il a éprouvés ou vu éprouver par d'autres. Nous lui ferons faire ainsi l'étude des *noms*, des *adjectifs* et des *verbes* correspondant à ce qui est matériel et concret. Ce sera là la première étape à parcourir. Plus tard seulement il conviendra d'aborder les faits ou états de conscience qui, pour la plupart, ne sont pas étrangers à l'enfant, car l'enfant aime, désire, veut, comprend, se souvient, mais auxquels il est encore peu apte à réfléchir. Plus tard aussi on abordera l'étude des termes généraux, ainsi que des *sens figurés* des mots.

Quant aux familles de mots, on peut les aborder dès le cours élémentaire. Il existe, en effet, des règles générales de dérivation et de composition qu'il est facile de faire apprendre à l'enfant. On évitera ainsi de forcer l'élève à apprendre pour chaque mot particulier ce qu'on peut lui enseigner en une seule fois pour tous les mots formés de la même manière, d'après les règles générales de la formation des mots. Une seule précaution doit être prise dans ces exercices, auxquels l'enfant prend d'ordinaire un vif intérêt : c'est de l'arrêter quand on arrive à des mots correspondant à des idées qu'il n'a pas encore, ou qu'il aurait peine à comprendre.

Enfin il est utile de rappeler ce principe, trop souvent oublié, que, les mots n'ayant de valeur que s'ils sont mis en usage, ils ne doivent jamais être étudiés pour eux-mêmes et isolément, mais que toujours on doit les employer dans de petites phrases, de façon à en faire comprendre la signification.

Ces idées admises, comment l'instituteur les appliquera-t-il en classe? Le procédé à suivre est d'un emploi aisé.

Le maître écrira d'abord au tableau noir quelques mots simples, représentant des idées familières à l'enfant, puis de petites phrases dans lesquelles des points remplaceront le mot essentiel que l'élève devra trouver dans la liste mise sous ses yeux. Plus l'enfant sera avancé, plus le travail d'invention exigé de lui sera complexe : on arrivera vite à lui demander de composer lui-même des phrases entières, en cherchant dans un certain nombre de mots proposés ceux qui conviendront dans chaque cas[1].

Ces phrases, l'écolier devra, pour les former, chercher, réfléchir, de façon à bien trouver le mot propre, qui se gravera dans son esprit. Son jugement aura été exercé en même temps que sa mémoire. Il se sera par là même préparé au travail de la composition française, qu'on lui demandera dans le cours moyen.

La phrase une fois formée, on la lui fera écrire sur son cahier. Cette obligation de copier la phrase le forçant à remarquer quelles lettres composent

1. Les maîtres trouveront dans le *Vocabulaire français* de M. Carré, auquel nous les renvoyons, toute une série d'exercices gradués établis d'après cette méthode.

chaque mot, l'enfant de la sorte apprendra l'orthographe plus vite et mieux que par la dictée seule.

Voilà pour l'exercice écrit; mais ce n'est pas tout. Ce premier travail individuel devra être suivi d'un travail collectif, d'un exercice oral fait en classe sous la conduite du maître.

On aura vu, par exemple, le mot *tailleur*.

« Pourquoi, demandera le maître, appelle-t-on *tailleur* celui qui fait les habits?

— Parce que, pour faire ces habits, il *taille*, il coupe dans une pièce d'étoffe les morceaux qu'il réunira après leur avoir donné la forme voulue.

— N'y a-t-il pas des ouvriers qui coupent, qui *taillent* autre chose que les étoffes?

— Il y a des *tailleurs* de pierre, des *tailleurs* de diamant.

— Quel est le verbe qui correspond au nom *tailleur?*

— *Tailler*.

— Et l'action de *tailler*, quel est le mot qu'on emploie pour la désigner?

— Le mot *taille*.

— Quelle est l'opération à laquelle, dans les jardins fruitiers, on doit se livrer à une certaine époque de l'année?

— C'est la *taille* des arbres. »

Et l'on pourra continuer de la sorte, en s'avançant plus ou moins loin suivant l'âge des enfants, leur intelligence, le degré de leurs connaissances. Avec les mots que nous avons trouvés en prenant pour point de départ le mot *tailleur*, de petites phrases pourront être composées et écrites au tableau noir.

Combien de tels exercices sont propres à rendre une classe vivante, intéressante! Quel éveil de l'esprit! quels progrès rapides! Combien on enlèverait aux exercices de français et d'orthographe le caractère morose qu'on leur donne, hélas! si souvent!

DE L'ENSEIGNEMENT DE LA GÉOGRAPHIE

DANS LES ÉCOLES PRATIQUES DE COMMERCE OU D'INDUSTRIE

ET DANS LES ÉCOLES PRIMAIRES SUPÉRIEURES

MÉTHODE ET PROCÉDÉS

Des matières enseignées à l'école primaire élémentaire, la géographie est une de celles sur lesquelles l'enfant, à la fin de la période habituelle de scolarité, a d'ordinaire les connaissances les plus incomplètes. Ayant généralement obtenu le certificat d'études en sortant du cours moyen, il n'a guère, aux termes mêmes des programmes officiels, appris, en outre de quelques notions préliminaires, que la géographie de la France et de ses colonies, et, à propos de la France même, souvent il n'aura vu que des noms et des lignes. Il ne sait rien ou presque rien de l'Europe et des autres parties du globe, et surtout il n'a qu'une idée fort vague, si même il en a la moindre idée, des phénomènes naturels dont ce globe est le théâtre. Poursuit-il ses études au delà de onze ou douze ans, soit dans une école primaire supérieure, soit dans une école pratique d'industrie ou de commerce, ce sera au professeur à qui il sera confié qu'il appartiendra de combler ces lacunes dans l'instruction géographique qu'a jusqu'alors reçue l'enfant. Tout en reprenant, pour en compléter l'examen et en affermir la connaissance dans les esprits, les questions dont il aura déjà été dit quelques mots à l'école élémentaire, il devra, d'une part, faire sortir ses élèves des limites de notre territoire national et les conduire à travers l'Europe, l'Afrique, l'Asie, l'Océanie et les deux Amériques; d'autre part, et dès le début, s'efforcer de leur montrer que notre planète n'est pas une masse inerte, mais bien un être ayant sa vie propre, dont les manifestations frappent sans cesse les regards de qui sait voir. Faire comprendre à l'écolier la vie de la terre, décrire à son esprit, à ses yeux, les parties du globe qu'il ne connaît pas, lui faire étudier de nouveau la France qu'il ne connaît qu'imparfaitement, telle sera la tâche à accomplir. Dans les programmes officiels, tant des écoles primaires supérieures proprement dites que des écoles pratiques industrielles ou commerciales, on a à dessein placé tout à fait au début les notions de géographie générale, c'est-à-dire l'exposé des principaux phénomènes terrestres considérés en eux-mêmes, abstraction faite du lieu précis où ils se produisent à un moment déterminé. Quand l'enfant, dès la première semaine de l'année scolaire, entendra le maître lui parler, non plus des « ceintures de bassins » ou des sous-préfectures de nos départements, mais bien de la source qui jaillit, de l'avalanche qui se précipite, de l'ouragan qui éclate, de la lave que le volcan projette, il lui semblera qu'il entre dans un monde nconnu, et, étonné sans doute que ces leçons, qui éveilleront sa curiosité et exciteront son imagination, soient des leçons de géographie, il prendra goût certainement à cette science, dont l'aspect nouveau lui causera autant de plaisir que de surprise. Ensuite il entreprendra l'étude de la géographie des contrées lointaines, dont à l'école élémentaire il n'aura guère appris que les noms, puis l'étude de l'Europe et de la France, plus difficile et plus complexe en raison de l'importance plus grande qu'il convient d'attacher à l'examen des questions d'ordre politique ou économique. L'enseignement, comme on voit, doit être surtout descriptif au début de la première année, puis peu à peu, et à mesure que les jeunes gens grandissent et que leur esprit se forme, il deviendra nécessairement, par la nature même des sujets à traiter, plus démonstratif et plus rationnel, sans jamais perdre entièrement son caractère pittoresque.

Quelle méthode le professeur devra-t-il suivre dans cet enseignement, qui, suivant la façon dont il est donné, peut être si aride, si monotone, ou au contraire si intéressant et si éducatif? C'est ce qu'il importe de déterminer avec précision en examinant tour à tour ce qui se rapporte : 1° aux leçons; 2° aux interrogations; 3° aux devoirs à donner aux élèves; 4° aux lectures qui peuvent compléter si utilement l'exposé fait par le maître.

I. Leçons. — Une importante recommandation, et sur laquelle il convient d'abord d'insister, est la suivante. Pour la géographie comme pour l'histoire, il ne faut pas que le professeur ait l'ambition de tout exposer, de tout dire, de tout faire par lui même; il faut qu'il associe les élèves à son travail et qu'il sache combiner judicieusement l'enseignement oral et l'enseignement par le livre. Il est bon de distinguer à cet égard entre les leçons de géographie physique d'une part, et, de l'autre, les leçons de géographie politique et économique.

Pour tout ce qui se rapporte à la géographie physique, et surtout pour les premières notions de géographie générale, il est nécessaire que le maître fasse lui-même en entier l'exposé oral des questions à traiter; le livre ou l'atlas ne doivent alors servir aux élèves qu'à titre d'aide-mémoire : ils pourraient peut-être *apprendre* au moyen du livre, ils ne pourront *comprendre* que grâce à l'exposé. Le maître fera donc toute sa leçon de vive voix, en se servant soit du globe, soit de la carte, soit du tableau noir.

Le globe ne sera guère utile que pour les premières notions de cosmographie élémentaire, mais, pour cette partie du programme, l'emploi en est indispensable : le planisphère ou la mappemonde ne donnent, même à des élèves de douze à quinze ans, qu'une idée fort imparfaite de la forme réelle de la terre.

Le véritable auxiliaire du maître sera la carte murale, mais la carte *vraiment murale*, c'est-à-dire celle qui, peu chargée de détails, sobre de noms, fait bien ressortir aux yeux, sous une forme simple et claire, le relief général et les principaux traits physiques de la région représentée. Quant à ces cartes, encore en trop grand nombre dans les écoles, qu'on ne peut appeler murales qu'en raison de leurs dimensions qui forcent l'instituteur à les accrocher au mur, mais qui ne sont en réalité que des cartes d'atlas agrandies, on peut dire qu'elles sont de peu d'utilité : le plus souvent, sans parler de la multiplicité des indications d'où la confusion naît, la finesse des caractères employés empêcherait les élèves, si le professeur voulait en faire usage, de suivre ses démonstrations.

A défaut de cartes murales satisfaisantes, le maître aura recours au tableau noir. Il devra d'ailleurs en tirer parti, mais dans une moindre mesure, même quand le matériel géographique ne laissera rien à désirer. Le tableau noir est indispensable pour la représentation graphique d'un détail déterminé, par exemple d'une région peu étendue, d'une partie de côte, d'un cours d'eau et de ses affluents. Il permet non seulement de donner au dessin des proportions beaucoup moins réduites que ne ferait la carte murale du plus grand format, mais encore de fixer l'attention des élèves sur tel ou tel point, en le détachant, en l'isolant. Ce qu'on doit dessiner au tableau noir, ce sont en général des croquis assez simples. Si l'on est obligé, faute de cartes murales, d'y tracer des figures un peu compliquées, on fera bien d'employer des crayons de diverses couleurs, d'abord la craie pour les contours, puis le crayon de couleur bistre pour les montagnes, le bleu pour les eaux marines ou fluviales, le rouge pour les indications d'ordre politique, comme la position d'une ville ou le tracé d'un chemin de fer.

C'est surtout pour les leçons de géographie politique et économique que le professeur doit éviter de tout aborder, de tout dire : il économisera de la sorte et sa peine et son temps. Il ne doit pas oublier, en effet, que les élèves ont un livre : il leur prescrira d'y rechercher et d'y apprendre ce qui se rapporte à la population et aux races, à la religion et à la langue, au gouvernement, aux grandes divisions administratives et aux villes principales, aux productions naturelles de la région à étudier. Quant à lui, il suffira qu'il expose oralement en classe quelques questions dont il aura fait choix, soit en raison de leur actualité qui leur donne en quelque sorte l'intérêt d'un *fait divers* géographique, soit parce qu'elles prêtent à un développement curieux et pittoresque, soit encore à cause de l'importance particulière qu'elles présentent pour le pays dont on s'occupe.

Le professeur ne devra pas se borner à *exposer*, il devra s'efforcer de *faire comprendre* la géographie politique et économique; à cet effet, la géographie physique de la région, antérieurement étudiée et qu'il pourra, s'il est nécessaire, rappeler à grands traits, lui fournira le thème ordinaire de ses explications. Il est assez aisé de montrer à des jeunes gens la relation qui existe, par exemple, entre la nature du sol et la richesse agricole ou industrielle d'un pays. Si le rapport entre la situation politique d'un peuple et la constitution physique de la terre qu'il habite apparaît peut-être moins nettement, il n'est cependant pas fort difficile de le découvrir et de le mettre en lumière. Ce n'est point par l'effet d'une sorte de hasard historique qu'une république fédérale s'est constituée dans les montagnes de la Suisse, tandis qu'une vaste monarchie d'un caractère absolu s'étend dans les immenses plaines de l'est de l'Europe et du nord de l'Asie. En rattachant de la sorte à la géographie physique ce qu'il dira du gouvernement, de l'agriculture, de l'industrie, du commerce, le professeur donnera à ses élèves un enseignement qui n'aura rien d'aride et qui sera très suggestif.

Nous devons insister ici sur une partie de l'enseignement géographique qui, fort intéressante dans tout établissement d'instruction où l'on reçoit des élèves d'un âge déjà un peu avancé, est d'une importance particulière dans les écoles pratiques commerciales : nous voulons parler de l'enseignement de la géographie économique. Nous n'avons pas à rappeler ici quelles questions devront être abordées et dans quel ordre méthodique il conviendra de les traiter : il n'est pas, en effet, un professeur qui ne sache parfaitement que ses leçons devront avoir tour à tour pour objet l'étude économique du pays dont il parle au point de vue : 1° de l'agriculture (régions agricoles, principales cultures, rendements moyens); 2° de l'industrie (industries extractives, métallurgiques, chimiques, mécaniques, textiles, alimentaires; industries de luxe et d'art; industries diverses; principaux centres de fabrication); 3° du commerce, commerce intérieur et commerce extérieur (voies de communication naturelles, terrestres, fluviales, maritimes, principaux ports; principales relations commerciales extérieures, importations et exportations; lignes postales, télégraphiques, téléphoniques). Ce sur quoi seulement nous croyons devoir insister à cet égard, c'est sur la recommandation suivante, dont notre expérience de l'inspection nous a montré plus d'une fois l'intérêt. Pour la géographie économique, le devoir du professeur, s'il veut remplir convenablement sa tâche, est de *se tenir à jour*. Rien n'est changeant comme les phénomènes économiques : ce qui a été vrai telle année sera peut-être tout à fait inexact l'année suivante. Si le maître ne se tient pas au courant, il trompera involontairement, et parfois de façon fort grave, son auditoire d'élèves. Or se tenir à jour n'est pas chose si difficile. Si l'on n'a pas à sa disposition les revues ou les journaux, où l'on peut se renseigner, il est aisé de consulter les diverses statistiques officielles, et, pour se les procurer, il suffira le plus souvent de s'adresser, dans le département où l'on enseigne, à l'obligeance des fonctionnaires des administrations de qui ces statistiques émanent. Il sera bien rare que cette obligeance soit sollicitée en vain; il ne faut pas manquer d'y faire appel.

Dans ses leçons de géographie politique et économique, le professeur fera utilement emploi des cartes muettes : par exemple, et en prenant au hasard dans les programmes, s'il a à parler du Transcontinental canadien, des divers tracés proposés pour le canal interocéanique, ou de la ligne télégraphique transaustralienne, un simple tracé sur la carte muette lui permettra de donner rapidement aux élèves une indication exacte.

L'attitude et le rôle des élèves pendant la leçon doit aussi préoccuper un professeur diligent. Sans être soumis au régime des notes continues, qu'il faut proscrire sévèrement, les élèves suivront les explications du maître, l'atlas sous les yeux et la plume à la main, prêts à reproduire un croquis fait au tableau noir ou à prendre au passage les détails qui les frapperaient ou qu'on leur recommanderait de noter. A la fin sera dicté et écrit un court résumé, parfois un tableau récapitulatif ou synoptique. Ces notes, ces croquis, ces résumés et ces tableaux réunis formeront peu à peu un petit mémento géographique où l'élève retrouvera avec profit, souvent avec plaisir, la substance des leçons qu'il aura entendues et apprises.

II. Interrogations. — Les interrogations, qui auront lieu à chaque classe, porteront et sur la leçon précédente qu'aura faite oralement le professeur, et sur les points qu'il aura recommandé aux élèves d'étudier dans leur livre. Sauf lorsqu'il s'agit de questions ne comportant aucun tracé, aucune représentation graphique, l'élève interrogé devra être envoyé soit à la carte (carte murale ou carte muette), soit au tableau noir. Quand il sera en présence de la carte, on devra éviter de l'interroger de telle sorte qu'il n'ait d'autre peine que de lire la réponse.

On n'hésitera pas à demander aux élèves de faire eux-mêmes des tracés au tableau noir. La plupart d'abord s'y prendront fort mal; peu importe : l'habileté viendra avec la pratique, et, quelles que soient au début la maladresse de l'exécutant et l'imperfection du travail, on obtiendra de ce procédé un résultat très profitable : l'enfant, sachant qu'il sera peut-être obligé de reproduire en classe devant ses camarades la configuration du pays qu'il étudie, s'appliquera à s'en graver dans la mémoire la forme exacte et les dimensions. Pour ces exercices au tableau noir, on ne se contentera pas, comme on fait d'ordinaire, de représentations en plan, par exemple, du tracé d'un contour, d'un cours d'eau, d'une ligne de chemin de fer; parfois aussi on demandera à l'élève interrogé de figurer un profil. Des exercices de ce genre paraissent indispensables quand on s'occupe de l'étude du relief.

A propos des interrogations, le professeur ne tolérera pas qu'aucun élève dépasse dans ses réponses la mesure de ce qui lui aura été dit et enseigné. Il y a certains élèves, pourvus d'une heureuse mémoire et laborieux, qui croient bien faire en cherchant dans les livres dont ils disposent et en apprenant force détails qu'on ne songeait pas à leur demander. Non seulement ce travail auquel ils se livrent est pour eux sans utilité (car ce qu'ils emmagasinent de la sorte, ce sont en général des noms, et non pas des idées), mais souvent même il devient nuisible par la contagion de l'exemple : des camarades moins bien doués peuvent être tentés de les imiter pour ne point paraître inférieurs ; ils se fatiguent alors, ils se surmènent sans profit.

III. Devoirs. — Nous ne pensons pas qu'il convienne de donner aux élèves des devoirs de rédaction. On pourra seulement, de temps à autre, une fois ou deux par trimestre, leur proposer un sujet de composition qui les force à réfléchir sur quelques faits géographiques ou à reviser un certain nombre de questions précédemment étudiées : par exemple, on leur demandera de raconter l'itinéraire d'un voyage d'un point à un autre avec description sommaire des pays traversés, de comparer deux régions de caractères physiques bien distincts, comme la Provence ou les Flandres, et d'autres sujets du même genre que le professeur ne sera pas en peine d'imaginer. Mais, nous le répétons, ce seront là des exercices assez rares.

Le vrai devoir de géographie consiste dans la confection de cartes. Les recommandations à adresser à ce propos peuvent être résumées en quelques lignes :

Ne pas demander des cartes compliquées, mais des croquis assez simples, et exiger l'exactitude des proportions ;

Veiller à ce que les cartes se rapportent à des régions naturelles, telles, par exemple, que le bassin du Rhône ou la péninsule ibérique, et non à des divisions artificielles et de pure convention, comme une province ou un département ;

Ne jamais tolérer le calque;

Ne pas complimenter, mais reprendre même doucement l'élève qui remettra ce qu'on appelle souvent à l'école « une belle carte », c'est-à-dire une carte coloriée, chargée de détails inutiles ou ornée de lettres enjolivées. Il faut faire comprendre à l'élève qu'en s'occupant à un travail de cette nature il a perdu son temps et qu'il n'a rien appris.

IV. Lectures. — Plus qu'aucun autre peut-être, l'enseignement de la géographie prête à des lectures nombreuses et attrayantes. Le professeur ne négligera pas ce moyen d'ajouter à son cours un puissant intérêt. Des recueils, des anthologies parus en ces dernières années, ne lui laisseront que l'embarras du choix entre des morceaux d'une lecture à la fois instructive et pittoresque. La fin de la leçon, chaque fois que le temps le permet, ne saurait être employée plus utilement. Il va sans dire que la lecture devra être en rapport avec les sujets traités dans la dernière leçon, ou tout au moins dans des leçons récentes.

Le maître ne fera pas lire par un élève le passage dont il aura fait choix : il le lira lui-même avec netteté, avec expression, en ajoutant parfois, quand il y a nécessité, des explications, mais sobrement et de façon à ne pas se substituer à l'auteur. Il saura aussi tirer parti du goût inné qu'ont les enfants pour les livres d'aventures et de voyages, afin de les déterminer à lire, en dehors de la classe, les ouvrages qu'ils ont à leur disposition, livres de la bibliothèque scolaire, livres de prix, livres d'étrennes. A cet égard, pour tous les ouvrages pris en dehors de la bibliothèque de l'école, le professeur fera sagement de guider l'élève dans le choix de ses lectures : celui-ci, en effet, pourrait aisément s'égarer et se remplir l'esprit d'une quantité d'idées fausses et de notions inexactes.

En terminant, nous ne saurions omettre de recommander les exercices élémentaires de topographie et les exercices de lecture des cartes, particulièrement de la carte française de l'état-major. Ces exercices ont leur utilité pendant toute la durée de l'enseignement.

L'ENSEIGNEMENT PROFESSIONNEL

DANS LES ÉCOLES PRIMAIRES[1]

La première question mise à l'ordre du jour du Congrès de l'enseignement primaire en 1889 a été la suivante :

Sous quelle forme et dans quelle mesure l'enseignement professionnel (agricole, industriel, commercial) peut-il être donné dans les écoles primaires, élémentaires et supérieures, et dans les écoles normales?

Cette question est d'actualité, aussi bien hors de chez nous qu'en France. A l'étranger, en Belgique, en Allemagne, en Suisse, en Italie notamment, on s'est beaucoup préoccupé, durant ces dernières années, de développer l'enseignement professionnel, dont l'organisation et dont les rapports avec l'enseignement primaire ont été diversement conçus et réglés. En France, nous nous sommes enfin aperçus, il y a peu de temps, que nous étions passablement en retard sur nos voisins et nos rivaux : les administrations intéressées, celles des ministères de l'instruction publique, du commerce et de l'industrie, de l'agriculture, se sont mises à l'œu-

1. Cet article a été composé en 1889 ; il a été présenté au Congrès de l'enseignement primaire, qui s'est tenu à Paris, à l'occasion de l'Exposition universelle.

vre et se sont efforcées, par des règlements nouveaux élaborés d'un commun accord, de tirer parti d'une loi déjà vieille (loi du 11 décembre 1880) et qui jusqu'alors était restée lettre morte. Mais l'entreprise, nous le répétons, est chez nous toute récente, particulièrement en ce qui concerne l'association de l'enseignement primaire avec l'enseignement professionnel : des essais seulement ont été tentés sur quelques points. Il y a là, en somme, une voie nouvelle dans laquelle nous nous engageons : avant de poursuivre notre marche, il est bon d'examiner la route à parcourir, de nous enquérir des difficultés, des obstacles qui nous y attendent, et de rechercher d'avance les moyens les plus sûrs d'atteindre le but où nous tendons. Pour mettre à l'ordre du jour d'un congrès la question que nous allons étudier, le moment est donc des mieux choisis[1], et nous ne doutons pas que des renseignements qui seront fournis sur les expériences déjà faites et sur les résultats déjà obtenus, tant en deçà qu'au delà de nos frontières, des discussions qui s'engageront en séance, des résolutions qui seront votées, l'administration ne tire les indications les plus utiles pour mener à bien, sans perte de temps, sans perte d'efforts, l'œuvre à laquelle elle s'est attachée et dont le succès importe

1. Il n'est peut-être pas inutile de rappeler qu'un congrès international de l'enseignement technique s'est ouvert à Paris le 8 juillet 1889 et que dans le programme des questions proposées nous lisons notamment ceci : « Rapports de l'enseignement technique, commercial et industriel, avec l'enseignement général à ses divers degrés. » Voir ci-après le compte-rendu des travaux de ce congrès, pages 228 à 244.

si fort à l'avenir de notre agriculture, de notre industrie, de notre commerce.

Toutefois, il faut bien le dire, ce sujet de l'organisation de l'enseignement professionnel, si grand qu'en soit l'intérêt actuel, ne paraît pas avoir jusqu'à présent beaucoup tenté les membres du congrès. Sur la question : *De la part qu'il convient de faire aux femmes dans l'enseignement primaire,* sur celle surtout des *écoles annexes,* les mémoires envoyés ont été nombreux, et la *Revue pédagogique* en a publié, dans ses derniers numéros, quelques-uns fort remarquables. En ce qui concerne l'enseignement professionnel, aucun travail, à la date où nous écrivons, n'est encore parvenu au bureau du comité. En faut-il conclure que les universitaires se désintéressent de l'enseignement professionnel? Rien ne serait moins juste, nous le savons pertinemment. La vérité c'est que, sur cette question, un peu nouvelle, il est vrai, pour plusieurs d'entre eux, les hommes de l'enseignement primaire se sont trop défiés d'eux-mêmes. Ils ont eu tort : nous connaissons, en effet, bon nombre d'instituteurs, surtout des directeurs et des professeurs de nos écoles primaires supérieures, qui auraient pu, en n'abordant, s'ils le voulaient, qu'une partie du sujet, en parler avec compétence et autorité. Puisqu'ils ont craint de prendre la plume, nous leur donnons rendez-vous au jour de la discussion orale : ils nous feront alors profiter de leur expérience et de leurs lumières. En attendant, leur excès de modestie, dont personnellement nous devrions leur garder rancune, nous oblige, sur l'invitation qui nous a été faite, à sortir de la réserve que nous nous serions volontiers imposée et à réunir, dans cette étude sommaire sur le sujet qui nous est soumis, quelques idées, fruit de nos réflexions et d'observations récemment faites en divers points de la France. Nous saurions gré à nos collègues du congrès de prendre connaissance de ce travail. Si nos idées prévalent, nous en serons naturellement satisfaits; mais ce à quoi nous tenons avant tout, c'est qu'elles soient répandues, examinées, discutées : loin de redouter la controverse, nous l'appelons de tous nos vœux, n'ayant d'autre but, en publiant cet article, que d'appeler l'attention des instituteurs de tout ordre sur une question que nous considérons comme d'une importance majeure pour notre pays, et que nous voudrions voir traitée par eux avec toute l'ampleur qu'elle mérite.

I. — Qu'est-ce que l'enseignement professionnel?

Pour l'étude du sujet qui nous occupe, il nous paraît indispensable de bien nous entendre d'abord sur les termes que nous allons employer et de déterminer aussi exactement que possible quelle signification doit être donnée à ces mots d'*enseignement professionnel.* Selon que nous y attacherons en effet tel ou tel sens, les solutions auxquelles nous serons conduits dans la suite de notre travail pourront être très différentes. Une définition précise est d'ailleurs, à notre avis, d'autant moins inutile que, dans l'esprit des directeurs de quelques établissements d'instruction primaire, les idées, ainsi que nous avons pu en faire la remarque, semblent être à cet égard assez mal fixées. Nous connaissons des écoles, soit publiques, soit privées, que l'on décore du nom d'*écoles professionnelles,* parce que, de temps en temps, les élèves vont au jardin assister à quelques opérations de taille ou de greffe, ou parce que, durant quelques heures par mois, on les conduit dans un petit atelier où ils s'exercent au maniement du burin ou de la lime, de la scie ou de la varlope. Ce serait vraiment faire de l'enseignement professionnel à trop bon compte; et les programmes suivis dans les établissements dont nous parlons ne correspondent en rien au titre qu'ils se sont indûment attribué.

Si nous ouvrons au mot *professionnel* un dictionnaire quelconque, nous y lisons ceci : *Professionnel, qui concerne une profession, qui a pour objet une profession spéciale.* Pris dans cette acception large, le mot peut s'appliquer à tout enseignement par lequel on se propose de préparer directement l'élève à la carrière qu'il doit embrasser, quelle qu'elle soit. En nous en tenant à cette définition, nous dirions que le jeune homme qui, en sortant du lycée, « fait son droit » pour devenir magistrat ou avocat, reçoit à la Faculté et dans l'étude de l'avoué un enseignement *professionnel;* que celui qui, après deux années passées à l'École polytechnique, entre à l'École de Fontainebleau, y commence son instruction *professionnelle*. De même, quand l'élève-maître suit à l'école normale un cours de pédagogie ou lorsqu'il est employé à l'école annexe, l'instruction qu'il acquiert de la sorte est *professionnelle*. Tel est le sens général, le sens étendu du mot. Mais ce n'est pas celui auquel il convient de nous arrêter. Nous n'avons à nous occuper ici que de l'enseignement qui se rapporte à l'agriculture, à l'industrie, au commerce. En nous limitant à ce triple objet de l'activité humaine, nous devons serrer de plus près la question et rechercher à quelles conditions l'enseignement donné à l'enfant qui doit être plus tard un agriculteur, un industriel, un commerçant, pourra être justement qualifié de professionnel.

Dans un projet de loi préparé en 1866, et qui n'a pas abouti, il était dit, à l'article premier: « L'enseignement technique[1] a pour objet la pratique des arts utiles et l'application des connaissances scientifiques et artistiques aux diverses branches de l'agriculture, de l'industrie et du commerce. » Cette définition, sans être, à notre avis, parfaite, nous paraît cependant acceptable : elle indique bien que l'enseignement professionnel doit être nécessairement un enseignement pratique, un enseignement

1. Au lieu de la dénomination d'enseignement *professionnel*, on emploie plus volontiers aujourd'hui celle d'enseignement *technique*, dont le sens diffère peu. Bien que, de ces deux appellations, la seconde nous paraisse mieux convenir à notre sujet, en raison de la signification plus précise et plus étroite du mot grec dont elle dérive, nous continuerons cependant ici à nous servir du mot *professionnel*, auquel les rédacteurs de la question soumise au congrès ont donné la préférence.

d'application. Si elle mettait mieux en lumière l'idée de spécialité, sur laquelle nous reviendrons tout à l'heure, nous n'aurions rien à y reprendre.

L'enseignement professionnel, disons-nous, doit être nécessairement *pratique* : il importe de bien préciser ce point. S'agit-il de l'enseignement agricole : si le maître se borne à parler en classe à ses élèves de terres fortes et de terres légères, de sol argileux, siliceux ou calcaire; s'il se contente de leur montrer, dans des bocaux ou des flacons, du guano, de la marne ou des phosphates, quand bien même il leur donnerait sur ces engrais les plus amples explications, nous dénierions à son enseignement le nom de *professionnel.* Mais qu'il les mène souvent dans les champs, qu'il leur apprenne à piocher ou à conduire la charrue, qu'il les habitue à se rendre compte des qualités ou des défauts de la terre en la travaillant de leurs mains, qu'il les fasse semer, cultiver, récolter, alors, s'il donne à son école la dénomination d'*école professionnelle,* nous ne le chicanerons certes pas à ce propos. De même, pour qu'un cours fait à des jeunes gens qui se destinent à l'industrie soit véritablement professionnel, il ne suffira pas que les élèves connaissent, par exemple, de vue seulement les éléments constitutifs d'un métier à tisser ou qu'on les ait initiés théoriquement aux secrets de la céramique : il faudra qu'on les ait mis à même de confectionner un tissu, de fabriquer un vase ou une assiette. Si nous passons enfin à une école de commerce, nous dirons, toujours d'après la même idée, que les notions théoriques d'arithmétique, de comptabilité, de langues vivantes, qu'y recevront les futurs com mis, les futurs employés, devront être complétées par les exercices pratiques du bureau commercial et par la rédaction quotidienne, tant en français qu'en langue étrangère, des différentes pièces en usage chez le négociant ou dans la maison de banque. En un mot, et sans exclure, cela va sans dire, la théorie dans la mesure où elle est utile pour que l'élève comprenne les raisons de ce qu'il fait, l'enseignement professionnel doit être surtout un enseignement pratique.

Il doit en outre avoir, suivant nous, un autre caractère; il doit être *spécial :* et nous entendons par là qu'il a essentiellement pour objet l'acquisition de connaissances particulièrement applicables à l'exercice de tel ou tel métier déterminé. Ici encore quelques exemples nous semblent nécessaires pour bien faire comprendre notre pensée. On sait que dans nos écoles, surtout dans nos écoles de campagne, beaucoup d'instituteurs, à la disposition de qui la commune a mis un jardin, en tirent très utilement profit pour l'instruction de leurs élèves : les enfants y sont conduits à certains jours, et là le maître leur montre comment on taille un arbre, comment on fait une bouture, comment on bine, comment on sarcle. Parfois même chaque écolier a la jouissance personnelle d'un petit coin, où il s'efforce, avec les conseils de l'instituteur, de faire pousser quelques légumes ou quelques fleurs. Voilà de l'enseignement pratique, et un excellent enseignement. Mais ce n'est pas un enseignement professionnel. Et pourquoi? Parce que les connaissances élémentaires que l'enfant acquiert ainsi n'ont pas une application spéciale et exclusive. Il n'est pas une personne ayant à sa disposition la moindre parcelle de terre qui ne soit aise de les posséder et qui n'en puisse tirer parti pour son utilité ou pour son agrément, quelle que soit d'ailleurs sa profession. Qu'ailleurs au contraire les élèves soient conduits aux champs ou à la ferme, qu'on leur apprenne à labourer, à faire les semailles, à prendre soin du bétail, alors nous reconnaîtrons que les programmes suivis dans l'établissement ont le caractère professionnel, parce que l'instruction qu'on y reçoit n'a d'utilité et de raison d'être que pour des jeunes gens qui se destinent à devenir cultivateurs.

Nous en dirons autant des travaux manuels que la loi du 28 mars 1882 a inscrits parmi les matières de l'enseignement primaire. Depuis cette époque on a, dans quelques écoles élémentaires et dans la plupart des écoles supérieures, installé des ateliers : les élèves y sont occupés, s'il s'agit de garçons, à buriner, limer, forger, ajuster, à débiter et à corroyer des pièces de bois, à faire quelques exercices d'assemblage et de tour; s'il s'agit de filles, à confectionner quelques ouvrages de lingerie et les vêtements les plus simples. Cet enseignement constitue un complément fort utile de l'éducation générale ou de l'éducation domestique; mais, n'ayant pour objet que de donner aux garçons l'habileté de la main et la sûreté du coup d'œil, aux filles les moyens de travailler plus tard dans leur ménage pour elles-mêmes et pour leur famille, il n'est aucunement professionnel. Il le deviendrait si, par exemple, on apprenait aux uns l'ébénisterie ou le charronnage, si l'on se proposait de faire des autres des corsetières ou des giletières, en un mot si, poussant plus loin l'enseignement *et le spécialisant,* on préparait ainsi l'enfant à un métier déterminé.

La même distinction peut être faite à propos des études commerciales. Le maître qui exercera ses élèves à calculer l'intérêt et l'escompte, qui leur enseignera même quelques notions de comptabilité simple, celui-là ne leur donnera pas une instruction professionnelle, parce que ce sont là autant de connaissances d'une application générale et utiles à tout homme, dans quelque condition qu'il soit placé. Il en serait différemment s'il leur faisait habituellement établir des bordereaux d'escompte, rédiger des factures, des connaissements ou des notes de commission, toutes pièces dont ne font usage que les commerçants et les banquiers.

Mais il nous semble inutile d'insister davantage : nous pensons avoir suffisamment expliqué ce que nous entendons quand nous disons que l'enseignement professionnel est nécessairement un enseignement spécial ; ce caractère s'accentuera d'ailleurs à mesure que le maître s'adressera à des élèves plus avancés. Nous craindrions plutôt qu'on ne nous reprochât de nous être trop étendu sur ce sujet. Toutefois nous ne le regrettons pas : au moment où, par suite de l'accord des ministères intéressés, on s'occupe en France d'associer dans les établissements d'instruction primaire l'enseignement professionnel et l'enseignement général, il nous a paru d'une importance capitale de bien déterminer le sens des mots, afin que nous ne nous imaginions pas avoir introduit dans nos écoles l'enseignement professionnel alors qu'il n'en est rien.

Ceci dit, entrons dans le vif de la question et recherchons, comme on nous y invite, « sous quelle forme et dans quelle mesure l'enseignement professionnel (agricole, industriel, commercial) peut être donné dans les écoles primaires, élémentaires et supérieures, et dans les écoles normales ».

II. — L'ENSEIGNEMENT PROFESSIONNEL ET LES ÉCOLES PRIMAIRES ÉLÉMENTAIRES.

Occupons-nous d'abord, comme il convient, des écoles élémentaires.

La solution que nous proposerons aura du moins, à défaut d'autre mérite, celui de la netteté. Pour nous, l'enseignement professionnel n'a pas sa place dans ces écoles, et il en doit même être rigoureusement banni. Nous pourrions, afin de justifier cette opinion, faire valoir qu'il est bien tôt, quand on a devant soi des enfants de six à treize ans, pour leur parler de chèques ou de billets à ordre, de change ou de comptes courants. Il nous serait facile d'ajouter que, pour donner l'enseignement agricole ou industriel avec le caractère professionnel tel que nous le comprenons et l'avons défini plus haut, l'instituteur aura besoin de ressources dont on ne peut espérer qu'il puisse souvent disposer : il lui faudra des champs et des instruments aratoires, des ateliers et tout un matériel d'outils dont l'État ne peut pas faire les frais et qu'on ne doit guère songer, sauf en de très rares endroits, à demander aux communes. Mais une raison supérieure nous détermine. L'enseignement professionnel, comme nous avons essayé de le montrer, est par essence un enseignement *spécial*. Or l'instituteur doit donner aux élèves qui lui sont confiés une éducation *générale*. C'est là son rôle, c'est là sa mission propre. En même temps qu'il les munit d'un minimum de connaissances indispensables dans toutes les conditions, il doit cultiver avec harmonie leur corps, leur esprit et leur cœur, régler leur sensibilité, développer leur intelligence, affermir leur volonté, former leur caractère, leur inspirer l'amour du bien. Telle est la partie la plus importante et la plus difficile de sa tâche, en même temps qu'elle est la plus attachante et la plus noble. Pour s'en acquitter, l'instituteur n'a pas de trop de la période de sept années que la loi lui accorde, et dont la durée est trop souvent réduite par l'irrégularité de la fréquentation et l'abandon prématuré de l'école. A cette culture générale des facultés de l'enfant, l'enseignement professionnel, trop étroit, trop matériel, trop terre à terre, ne peut aucunement contribuer : nous le considérerions plutôt comme un obstacle, et c'est pourquoi nous ne voulons lui laisser aucune place dans le programme de nos écoles élémentaires. Si nous avions le tort de l'y introduire, nous préparerions peut-être pour l'avenir des praticiens consommés; nous ne formerions pas des hommes, et, avant qu'il soit longtemps, une sorte de décadence morale, dont souffrirait le pays tout entier, serait la conséquence et le châtiment de la faute que nous aurions commise.

Est-ce à dire toutefois que l'instituteur doive se désintéresser et laisser ses élèves complètement ignorants des choses de l'agriculture, de l'industrie et du commerce? Non, telle n'est pas notre pensée. Il peut, croyons-nous, les préparer très utilement à recevoir plus tard l'enseignement professionnel, surtout l'enseignement industriel et l'enseignement agricole. Pour l'enseignement commercial, qu'il leur donne des notions suffisantes de géographie générale; que, par de fréquents exercices de calcul mental et par la pratique des opérations abrégées, il les habitue à compter vite et bien, il aura fait tout ce qu'il peut, et l'on ne saurait songer à lui en demander davantage. Pour ce qui concerne l'industrie, qu'au moyen des leçons de choses l'enfant ait acquis quelques idées justes sur les matières premières et les principaux procédés de fabrication; que, par des exercices de tressage, pliage, tissage, de vannerie, de cartonnage, de modelage, on ait su lui donner de la dextérité et lui inspirer le goût du travail manuel, il sera prêt, à treize ans, à commencer dans d'excellentes conditions l'apprentissage d'un métier, et, sans qu'il ait fallu rien changer, rien ajouter au programme de l'école élémentaire, les années qu'il aura passées dans cette école n'auront pas été sans profit pour l'enseignement professionnel. Nous en dirons autant pour les écoles de filles. L'enseignement des travaux à l'aiguille peut y être donné, ainsi que le prescrivent les programmes actuels, comme enseignement préparatoire, par une série d'exercices gradués d'une application générale. Ce serait méconnaître gravement le rôle de l'école primaire que de songer même à y commencer, par exemple, l'apprentissage de la profession de confectionneuse ou de modiste.

Mais c'est surtout pour prédisposer les enfants à l'enseignement professionnel agricole que l'action du maître à l'école primaire peut être efficace. La majeure partie de nos écoles sont établies dans des communes rurales, et la plupart des élèves qui les peuplent sont des fils de cultivateurs. A l'égard de ces milliers de petits villageois, l'instituteur a un triple rôle à remplir. Il doit d'abord s'efforcer de les intéresser aux choses de la campagne, afin de leur faire apprécier, autant que le permet leur âge, les charmes de la vie rurale, et de combattre la déplorable tendance qui pousse aujourd'hui le paysan français à abandonner le village et à émigrer vers la ville, où il espère trouver un bien-être plus grand et des plaisirs plus variés. Cette dépopulation de nos campagnes est un des faits les plus graves de notre époque. En cinq ans, de 1881 à 1886, pendant que la population rurale perdait 123,000 habitants, la population urbaine en gagnait 670,000, et l'on a calculé que, si le mouvement continuait avec la même rapidité, dans une trentaine d'années les habitants des villes seraient plus nombreux que ceux des champs. Nous devons bien prendre garde que les progrès de l'instruction primaire n'aient pour résultat d'aggraver le mal. Afin qu'il n'en soit pas ainsi, il faut que cette instruction, dans les écoles des villages et des bourgs, soit conçue de telle sorte qu'elle sollicite fortement l'enfant à l'étude de la nature, qu'elle lui inspire l'amour de la terre et le goût de la profession dont ses parents ont vécu. Les premières impressions reçues ont sur notre âme un effet si puissant et si durable que le maître, croyons-nous, ne pourra jamais commencer trop tôt à cet égard son rôle d'éducateur.

Dès le cours élémentaire, il peut tirer un excellent parti des leçons de choses et des entretiens familiers sur les animaux domestiques, sur les occupations de la ferme et sur les mille petits faits de la vie champêtre dont l'enfant est chaque jour le témoin distrait et irréfléchi. Dans le cours moyen et supérieur, un choix judicieux de dictées, de rédactions, de conversations et de lectures, en retenant presque incessamment l'attention de l'enfant sur ces mêmes sujets et en les lui présentant sous un séduisant aspect, servira à imprimer fortement dans son esprit les idées dont on veut le pénétrer.

Mais ce ne sont encore là que des applications

de l'enseignement général. L'instituteur peut faire plus. Dès que ses élèves sont entrés dans le cours moyen, dès qu'ils ont par conséquent neuf ou dix ans, il peut commencer à les mettre aux prises avec la terre. Sans doute, il ne s'occupera pas avec eux d'agriculture proprement dite. Outre que les ressources matérielles et aussi, il faut bien le dire, la compétence personnelle lui feraient défaut en bien des cas, il ne devra pas perdre de vue que l'agriculture est une science difficile et complexe; que, pour être fructueusement enseignée, elle suppose, en physique, en chimie, en géologie, en botanique, des connaissances fort au-dessus de l'intelligence des enfants confiés à ses soins. Mais il a à sa disposition le jardin de l'école : que, deux fois au moins par semaine, il y conduise durant une heure ses élèves et que là il se livre d'abord devant eux, en leur fournissant, dans une causerie familière et simple, les explications indispensables, aux diverses opérations de l'arboriculture, à la taille de la vigne et des arbres fruitiers, à la culture des plantes légumières et des fleurs; qu'il leur apprenne ensuite à exécuter eux-mêmes ces opérations. Chaque fois que le permettront les dimensions du sol qui lui est concédé, qu'il use du procédé de l'allotissement : qu'il divise son terrain en une série de petits jardinets, individuellement attribués à chacun des élèves, qui en aura la jouissaece et la responsabilité particulières. L'idée du mien et du tien est tellement innée en nous que ce mode d'appropriation, on en a fait la remarque partout où l'on en a usé, contribue puissamment à intéresser l'enfant aux exercices d'horticulture dont on veut lui donner le goût.

Enfin on est en droit d'attendre encore de l'instituteur du village un autre service, et ce n'est pas celui qui, pour favoriser le développement de nos richesses agricoles, aurait le moins de prix. On sait quel est l'esprit routinier de l'homme de la campagne et combien il est naturellement porté à préférer à toutes autres les pratiques qu'il a vu suivre constamment par ceux qui l'ont précédé. C'est à cette défiance instinctive qu'il éprouve pour tout changement qu'est due cette étonnante différence entre notre agriculture et notre industrie, celle-ci se transformant, multipliant sans cesse ses moyens d'action et étendant chaque jour sa puissance, grâce à l'esprit novateur, au génie inventif des hommes qui s'y consacrent; celle-là, au contraire, presque immobile, rebelle au progrès et s'obstinant, en dépit de la science, dans des procédés surannés. A cet égard, l'éducation du paysan français est encore à faire presque entièrement. Il faut l'instruire, « lui apprendre ce qu'il ignore, opposer en lui des habitudes intellectuelles nouvelles à l'hérédité, à l'atavisme qui le tiennent sous leur domination. Il faut combattre ses tendances, rompre son esprit à la discipline des méthodes, éveiller en lui la curiosité scientifique, en un mot, l'assouplir par la gymnastique de l'étude et l'y plier avec persistance, afin de créer en lui peu à peu les éléments d'une hérédité nouvelle qu'il transmettra à ses fils et que ceux-ci accroîtront[1]. » Mais ce n'est pas chose facile que de modifier ainsi les habitudes d'esprit de tout un groupe de population. Pour y parvenir, c'est sur le cerveau, tendre encore, de l'enfant qu'il faut que nous agissions : c'est donc tout naturellement à l'instituteur primaire, au maître d'école, que la tâche échoit : à lui de commencer cette œuvre, que d'autres après lui continueront et mèneront à bonne fin. Il s'efforcera à cet effet de donner à ses élèves quelques notions scientifiques élémentaires sur les diverses opérations de culture dont ils sont témoins tous les jours. En outre, des excursions agricoles, quelques visites chez les cultivateurs, tantôt dans une ferme dont le propriétaire est fidèle aux anciens errements, tantôt dans une exploitation scientifiquement conduite, de manière à bien mettre en lumière, par la constatation des résultats obtenus, la valeur comparative des méthodes en usage; chaque fois enfin que cela est possible, une visite aux champs de démonstration, voilà autant de moyens dont un instituteur intelligent et actif saura se servir, avec les élèves du cours supérieur tout au moins, afin de les convaincre par l'exemple probant des faits.

En résumé, inspirer à ses élèves l'amour de la vie aux champs, commencer leur instruction pratique par des travaux simples d'arboriculture et de jardinage, les accoutumer enfin à observer, à ex-

1. A. Rey, rapport à la Chambre des députés, fait au nom de la commission chargée d'examiner la proposition de loi sur l'enseignement agricole.

périmenter, à réfléchir, de façon qu'ils ne soient pas plus tard rebelles à toute idée d'amélioration et de progrès, tel est le programme que peut se tracer l'instituteur au village. En s'y conformant, il n'aura pas introduit dans son école un enseignement technique qui, nous le répétons, n'y serait pas à sa place, mais il aura préparé d'excellentes recrues pour l'école professionnelle agricole où les jeunes gens entreront plus âgés.

Ce même programme peut être proposé à nos institutrices de la campagne. Les fillettes qu'elles ont à élever sont les sœurs de ces petits villageois dont nous parlions plus haut. Femmes, elles seront associées aux occupations de la ferme; il ne faut pas que la première instruction qu'elles recevront ait pour résultat de les en détourner. Comme ménagères, elles devront surveiller le parterre, le potager, le verger : il est donc bon de commencer à leur apprendre à l'école l'horticulture et la conduite des arbres fruitiers. Enfin l'étroitesse de vues, l'esprit d'immobilisme et de routine peut être aussi funeste chez la fermière que chez le cultivateur : il faut donc les combattre chez l'une comme chez l'autre, quand ce ne serait que pour empêcher la femme de paralyser souvent, par obstination et par ignorance, l'initiative de son mari ou de ses enfants et de rendre stériles leurs efforts. On le voit : en cette matière, le même enseignement, ou, pour mieux parler, un enseignement conçu dans le même esprit peut être, à l'école primaire, donné aux filles et aux garçons. Or à cet égard les institutrices rurales ont tout à faire, ou peu s'en faut : elles sont fort en retard sur leurs collègues du sexe masculin[1]. Des élèves qui sortent de leurs mains, celles qui sont restées paysannes sont trop souvent les moins bien douées, les moins instruites. Des autres, on a fait de petites demoiselles n'ayant plus aucun goût pour la profession de leurs parents, si même elles ne la dédaignent pas. Il y a là un mal. Faut-il en rendre les institutrices responsables ? Nous serions porté à nous en prendre plutôt au genre d'éducation qu'elles ont reçu elles-mêmes. Mais ce n'est pas ici le lieu d'insister sur cette idée, à laquelle nous reviendrons en parlant plus loin des écoles normales primaires.

Des cours complémentaires. — Nous ne dirons qu'un mot des cours complémentaires. Ou les élèves n'y restent qu'un an, et le temps dont on dispose alors est trop court pour qu'au point de vue de l'enseignement professionnel on puisse y faire rien de plus que dans les écoles élémentaires; ou le cours comprend deux années d'études, et les mêmes observations s'appliqueront à ces cours et aux écoles primaires supérieures.

1. Lors du dernier concours qui a eu lieu pour l'attribution de prix à décerner aux instituteurs et aux institutrices primaires publics ayant donné avec le plus de zèle et le plus de succès, d'une manière théorique et pratique, l'enseignement agricole et horticole à leurs élèves, sur 122 concurrents que la commission a jugés dignes d'une récompense, nous trouvons 119 intituteurs et seulement 3 institutrices!

III. — L'ENSEIGNEMENT PROFESSIONNEL DANS LES ÉCOLES PRIMAIRES SUPÉRIEURES.

Quiconque en France a souci des intérêts de son pays doit considérer comme une nécessité impérieuse le développement de notre enseignement technique. Le défaut de savoir ou d'habileté chez le cultivateur, chez l'employé, chez l'ouvrier, est en effet l'une des causes qui nuisent le plus à la prospérité de notre agriculture, de notre commerce, de notre industrie, et par suite à l'accroissement de la richesse nationale. En veut-on quelques exemples ? En fait de production agricole, nous obtenons à peine 15 hectolitres de blé par hectare, alors qu'en Angleterre, bien que le sol ne soit pas plus favorable à la culture des céréales, la moyenne, grâce à l'instruction plus complète du paysan, est de 28 hectolitres, c'est-à-dire presque le double. Qu'on songe que, pour suffire à notre consommation, nous sommes obligés d'acheter chaque année à l'étranger, par suite du déficit de notre rendement, dix millions d'hectolitres, tandis qu'avec une production égale à la production anglaise nous pourrions en exporter quatre-vingt-dix millions, et l'on verra ce que nous coûte notre ignorance. Et nous ne parlons que du blé. Nous en pourrions dire autant de presque toutes les productions du sol. Ainsi, alors qu'en Belgique on récolte 12,000 kilogrammes de pommes de terre par hectare, nous n'en obtenons en France que 7,500. La betterave fourragère, qui donne facilement à l'hectare jusqu'à 60,000 kilogrammes, ne dépasse pas chez nous en moyenne 27,000 à 28,000. Et si, à l'aide des statistiques officielles et des renseignements fournis par les agronomes, nous comparons de même avec ce qu'obtiennent l'arboriculture fruitière, l'industrie de l'élevage, l'industrie laitière et fromagère, ce qu'elles pourraient produire par des procédés plus conformes aux données de la science, nous constaterons qu'il faut chiffrer par millions la valeur annuelle des trésors que la terre recèle dans son sein et que nous y laissons enfouis.

Pour l'industrie, la situation est autre, sans être beaucoup plus satisfaisante. Certes, il s'en faut que nos industriels aient l'esprit arriéré et routinier des gens de la campagne. L'industrie, nous l'avons déjà remarqué, se transforme incessamment, et il n'est pas de nos jours de domaine où la science exerce plus efficacement son action. Mais là encore l'instruction du travailleur est imparfaite, insuffisante. Nous formons bien dans nos grandes écoles des directeurs et des ingénieurs d'élite, mais nous manquons dans nos usines de bons contremaîtres et surtout de bons ouvriers. Nous nous trouvions, il y a peu de temps, avec le chef d'une importante fabrique de machines industrielles et agricoles, et il nous disait : « Il ne se passe guère de jours où nous ne voyions arriver chez nous des gens sans ouvrage et qui demandent à être embauchés : nous les prenons à l'essai. Eh bien, il y en a neuf sur dix que nous sommes obligés de renvoyer au bout de quelques jours, parce qu'ils ne savent pas travailler. Mais quand nous mettons la main sur un ouvrier capable, nous nous gardons bien de le congédier, même si les commandes sont rares, car nous savons trop quels services il nous rendra dans les moments de presse. »

Voici donc la situation : d'une part, des patrons qui cherchent de bons ouvriers et qui, n'en trouvant pas à leur gré, sont parfois contraints d'engager des étrangers, des Anglais, des Belges, des Suisses, quand ce ne sont pas des Allemands; d'autre part, une foule de malheureux qui cherchent du travail et auxquels on n'en peut pas donner, parce qu'ils n'ont d'ouvriers que le nom et ne sont que des manœuvres, qu'aujourd'hui les machines remplacent presque partout avec avantage.

En matière commerciale, nous avons à la tête de nos principales maisons, dans nos grandes villes, dans nos grands ports, des hommes d'une incontestable valeur. Quant aux comptables, aux scribes, aux petits commis de boutique, la foule en est innombrable. Mais ce qui nous fait défaut, c'est l'employé intelligent, actif et instruit, capable d'aller représenter au loin la maison qui l'occupe, d'étudier sur place, avec compétence et avec une parfaite connaissance de la langue, les goûts et les besoins du client étranger et de trouver pour nos produits des débouchés nouveaux. Ces auxiliaires indispensables du négociant manquent en France, et c'est de cette disette de personnel commercial à l'étranger que souffre surtout notre commerce d'exportation.

Nous avons donc, comme on le voit, beaucoup à faire : il nous faut arracher à leurs vieilles habitudes, à leurs procédés surannés, la masse routinière des cultivateurs, préparer des ouvriers qui ne soient pas que des manœuvres, et des employés de commerce qui soient autre chose que des gratte-papier et, qu'on nous passe cette expression vulgaire, des « calicots ». C'est là une œuvre d'un intérêt capital, et ce n'est que par une bonne organisation de notre enseignement professionnel, entreprise grâce à l'intervention et avec l'appui de l'État, que nous parviendrons à l'accomplir.

Nous ne croyons pas, en effet, qu'en cette matière il soit possible de nous en remettre entièrement à l'initiative privée. Elle a sans doute créé en France de très utiles institutions. On sait combien de cours ont été fondés dans nos départements par les Sociétés d'agriculture. L'Institut industriel du Nord, l'Institut commercial et l'École supérieure de commerce de Paris peuvent, entre autres établissements, être cités comme exemples de ce que doivent l'industrie et le commerce aux efforts des particuliers ou des associations. Mais ces cours et ces écoles ne profitent qu'à de petits groupes de jeunes gens : ils n'exercent pas leur action sur la masse des travailleurs, et c'est cette masse qu'il faut atteindre, qu'il faut pénétrer, au milieu de laquelle il faut répandre un enseignement pratique, méthodique et fécond. Dans notre pays, où l'on a coutume de tout attendre des pouvoirs publics, avec nos mœurs si différentes à cet égard des mœurs de la race anglo-saxonne, l'action de l'État, parce qu'elle peut seule être générale, peut être aussi seule efficace.

Or les ministères intéressés, c'est-à-dire ceux de l'agriculture, du commerce et de l'industrie, des travaux publics, ont bien organisé officiellement l'enseignement technique supérieur, que donnent aujourd'hui l'Institut agronomique, le Conservatoire des arts et métiers, l'École centrale des arts et manufactures, l'École des ponts et chaussées, l'École des mines, et l'enseignement technique secondaire, dont profitent les élèves des écoles d'agriculture de Grignon, de Grandjouan, de Montpellier, des écoles d'arts et métiers d'Aix, d'Angers, de Châlons, de l'école d'horlogerie de Cluses, des écoles de mineurs de Saint-Étienne et d'Alais, et des écoles commerciales fondées par plusieurs grandes villes et entretenues par elles avec les subventions de l'État. Quant au degré primaire, que trouve-t-on, comme établissements dépendant directement de l'État? Une vingtaine d'écoles pratiques d'agriculture, autant de fermes-écoles, les unes et les autres créées ou organisées en vertu de la loi du 30 juillet 1875; et pour l'industrie, la seule école de Dellys en Algérie[1]. Voilà quelle est actuellement la constitution officielle de notre enseignement professionnel primaire : il n'est pas besoin,

1. Depuis le jour où cet article a été écrit, la loi du 26 janvier 1892 a autorisé la création d'écoles pratiques de commerce et d'industrie. Il existe actuellement une vingtaine d'écoles de ce genre. Ce sont en majorité d'anciennes écoles primaires supérieures plus ou moins transformées.

croyons-nous, d'insister longuement pour montrer combien elle est insuffisante et quelles lacunes existent.

Si l'on veut que cette situation cesse, si le gouvernement, tout en laissant à l'initiative privée la liberté dont elle jouit, se décide, comme il est désirable, à prendre sérieusement la direction de l'enseignement professionnel ainsi qu'il a fait pour l'enseignement général, deux méthodes peuvent être suivies pour l'organisation des écoles du degré primaire. Ou bien les deux ministères de l'agriculture, du commerce et de l'industrie s'isoleront, chacun d'eux se renfermant dans son domaine propre : l'un multipliera dans les départements les écoles pratiques et les fermes-écoles; l'autre fondera des écoles d'apprentissage et des écoles commerciales élémentaires ayant pour unique objet de donner l'enseignement technique et relevant exclusivement de lui. Ou bien les deux ministères dont nous parlons s'associeront avec l'administration de l'instruction publique et organiseront avec elle, d'un commun accord, des établissements où l'enseignement général et l'enseignement professionnel auront l'un et l'autre, dans des proportions variables, suivant les besoins, la place qui leur conviendra. De ces deux méthodes, nous n'hésitons pas à déclarer que la seconde a toutes nos préférences, et nous dirons en quelques mots quelles sont les raisons d'expérience qui nous déterminent.

Des enfants qui sortent, entre la onzième et la treizième année, de l'école primaire, les uns commencent à travailler chez un maître ou un patron : ce sont ceux que la pauvreté de leur famille oblige à gagner leur pain sans plus attendre; pour eux, en dehors de ce que leur apprendront la vie même et l'exercice de leur métier, plus d'autre enseignement possible que celui des cours du soir et des classes d'adultes. Les autres, dont les parents sont plus à l'aise, continuent à étudier : ils restent deux ou trois ans encore sur les bancs d'une école. Mais dans quelle école entreront-ils? Sera-ce dans l'école purement technique, où l'enseignement est réduit à l'apprentissage théorique et pratique du métier? Eh bien, non : les faits sont là qui nous le prouvent. Lorsqu'il n'a pas besoin du maigre salaire d'un gamin de douze ans, le père de famille demande pour cet enfant un complément d'éducation générale, et l'on ne saurait l'en blâmer. Même depuis que les programmes anciens ont été étendus, il faut reconnaître en effet que le bagage que l'enfant emporte de l'école primaire n'est pas bien lourd; de plus, à cet âge les connaissances acquises n'ont pas tellement pénétré l'esprit qu'elles ne risquent d'être fugitives : aussi est-il bien à craindre, si dès douze ans l'enseignement de l'école cesse tout à coup et pour toujours, que l'écolier d'hier ne soit plus, devenu homme, qu'un parfait ignorant. Les parents se rendent parfaitement compte de ce danger, et c'est pourquoi, quelque soucieux qu'ils puissent être pour leur fils de l'instruction professionnelle, ils ne veulent pas que, dans l'établissement qui recevra l'enfant après sa douzième ou sa treizième année, l'enseignement général soit complètement mis de côté. Si donc, le premier des deux systèmes, dont il était question plus haut, venant à l'emporter dans la pratique, l'enseignement professionnel s'isolait, se confinait dans des écoles spéciales où il serait donné d'une façon exclusive, il n'y a pas à en douter, ces écoles-là n'auraient pas de clientèle.

C'est ce qui est arrivé aux fermes-écoles créées en vertu du décret-loi du 3 octobre 1848, lesquelles, en raison de leur caractère trop étroitement technique, n'ont jamais eu la faveur des familles. C'est ce qui arrive de même aujourd'hui à la plupart des écoles d'apprentissage qu'ont fondées, dans quelques-unes de nos grandes villes, les administrations municipales. Au moment où nous écrivons ces lignes, nous avons sous les yeux une lettre que nous adressait, il y a quelques jours, le maire d'un de nos chefs-lieux de département, et nous y copions textuellement ceci : « Il existe chez nous, tout à proximité de l'école primaire supérieure, une école d'arts et métiers ou d'apprentis comprenant des ateliers de menuiserie, d'ajustage et de sculpture, dirigés par des professeurs que la ville rétribue. Cette école, pour l'avenir et la prospérité de laquelle de sérieux sacrifices avaient été consentis par la commune, n'a pas répondu aux espérances qu'on avait fondées sur elle ; en ce moment, *à cause de l'indifférence de la population,* elle est en pleine décadence : c'est à peine si les deux ateliers qui fonctionnent encore comprennent, l'un 18 élèves, l'autre 3. » Cet éloignement des parents pour les écoles primaires exclusivement techniques est, en France, un phénomène presque général. Qu'on y applaudisse ou qu'on s'en plaigne, il faut en tenir le plus grand compte, et donner aux pères de famille les établissements qu'ils réclament, c'est-à-dire des écoles où l'instruction générale et l'instruction professionnelle se partageront raisonnablement le temps dont on peut disposer.

Par une heureuse fortune, en ce moment surtout où l'État, les départements, les communes, hésitent à accroître les charges de leurs budgets, où l'on n'entend même partout parler que d'économies nécessaires, ces établissements d'un caractère mixte peuvent être répandus par toute la France presque sans frais. Depuis une dizaine d'années, grâce aux dépenses faites par les municipalités et aux crédits accordés par le Parlement au ministère de l'instruction publique, il a été créé, comme on sait, un grand nombre d'écoles primaires supérieures, tant de garçons que de filles : 256 écoles d'après les dernières statistiques (185 de garçons, 71 de filles), soit en moyenne trois par département. Or, dans ces écoles qui retiennent sur les bancs, de douze à seize ans environ, des milliers d'enfants de la classe ouvrière, l'enseignement donné jusqu'à ce jour n'a guère eu pour objet que des connaissances générales, purement théoriques, sans utilité directe et immédiate pour le métier que doit exercer l'élève. On y a bien installé des ateliers : encore n'en existe-t-il pas partout ; on y parle bien d'agriculture ou de comptabilité; mais qu'on parcoure les programmes officiels de 1885[1], ou mieux qu'on visite une de ces écoles et qu'on y entende les maîtres faire leur classe, on verra que cet enseignement n'a aucun des caractères que nous considérons comme distinctifs de l'enseignement professionnel, qu'il n'est ni *pratique* ni *spécial*.

C'est là précisément ce dont on se plaint presque partout : on reproche à notre enseignement primaire supérieur, constitué comme il l'est, de n'être qu'une contrefaçon malheureuse de l'enseignement secondaire français, de n'être pas en rapport avec les besoins de la clientèle laborieuse à laquelle il s'adresse, de ne pas préparer efficacement pour l'industrie, pour le commerce, pour l'agriculture, les fils des artisans de nos villes et de nos campagnes, de les détourner plutôt de ces carrières productives par les idées ambitieuses qu'une instruction mal dirigée leur inspire, et de ne faire trop souvent que des déclassés de ces jeunes gens dont la plupart, mieux guidés, auraient pu être utiles à eux-mêmes, à la société, au pays. Ces reproches, il faut bien l'avouer, ne sont pas sans fondement : l'enseignement primaire supérieur en France, encore dans la période de création et de tâtonnements, n'a pas jusqu'ici trouvé sa voie : il faut l'engager résolument dans celle qui lui convient, et, pour cela, faire place dans nos écoles primaires su-

1. Les programmes des écoles primaires supérieures publiques ont été remaniés en 1893, et des sections professionnelles, agricoles, industrielles, commerciales, peuvent aujourd'hui être créées dans ces écoles. Ces modifications dans les règlements n'enlèvent pas leur intérêt aux observations qui suivent.

périeures à l'instruction professionnelle. On pourra de la sorte, sans créer d'établissements nouveaux, en se bornant à transformer des établissements en plein fonctionnement, mais qui, en raison de leur organisation actuelle, rendent peu de services, constituer fortement et à bon compte l'enseignement technique au degré primaire; de plus, cet enseignement trouvera dès le début une clientèle toute prête de plus de vingt mille élèves, qu'à lui seul il serait, nous le craignons, impuissant à recruter.

Mais ce n'est pas chose simple et facile que d'associer ainsi dans le même établissement l'instruction générale et l'enseignement professionnel. Ce dernier enseignement est en effet essentiellement divers, essentiellement local. Aussi la question posée par le comité du congrès ne comporte-t-elle pas une réponse unique. Nous pouvons toutefois donner quelques indications générales qui serviront à la résoudre.

Et tout d'abord, le caractère de l'enseignement professionnel doit être en rapport avec les besoins de la région où l'école est située, avec la nature des occupations auxquelles les habitants se livrent. C'est là une vérité de bon sens et devenue presque banale à force d'être répétée. On cherchera à préparer de préférence des agriculteurs et des vignerons dans le pays de Beauce ou dans le département de l'Hérault, des industriels ou des ouvriers à Roubaix ou à Saint-Étienne, des commerçants ou des employés à Bordeaux ou au Havre. Mais il est nombre de pays ou de villes où il n'existe pas d'industrie dominante : là, pour que l'école rende les services qu'on en doit attendre, il semble indispensable d'adopter l'idée d'un sectionnement.

Prenons pour exemple la ville de Lille, ville à la fois d'industrie et de commerce et chef-lieu d'un des départements où l'agriculture est le plus développée.

L'école primaire supérieure professionnelle qui y serait établie devrait comprendre une section agricole, une section commerciale, une section industrielle[1]; souvent même, en pareil cas, la section industrielle devrait être divisée en sous-sections, les élèves étant, par exemple, exercés les uns à l'ajustage, les autres à la menuiserie, d'autres à la filature ou au tissage. Enfin, dans la plupart des écoles, une section d'enseignement primaire supérieur proprement dit, où l'on continuerait à se conformer aux programmes actuellement en vigueur, devrait être conservée; elle recevrait quatre catégories d'élèves : ceux qui se destinent à la carrière de l'enseignement et dont l'instruction théorique doit être poursuivie depuis le jour où ils ont quitté l'école primaire jusqu'au moment où ils peuvent se présenter à l'école normale, c'est-à-dire de treize à seize ans; ceux qui se proposent d'entrer dans les diverses administrations, soit publiques, soit privées; ceux mêmes qui ont en vue certaines écoles techniques, comme les écoles d'arts

1. Voir la note page 196.

et métiers ou l'école des apprentis mécaniciens de Brest, pour lesquelles le programme du concours d'admission exige des connaissances théoriques assez étendues, et enfin cette foule de jeunes gens dont les parents exercent un petit commerce et veulent, en attendant que leurs fils soient en âge de travailler avec eux, leur procurer, jusqu'à leur quinzième ou leur seizième année, une instruction un peu plus large, un peu plus complète que celle dont l'école primaire élémentaire a pu les munir. Il y a là toute une clientèle que nous ne devons pas négliger : d'une part, en effet, l'administration de l'instruction publique ne peut pas se désintéresser du recrutement de ses futurs instituteurs; d'autre part, il ne faut pas oublier que l'État n'a pas en France le monopole de l'enseignement et que si, dans l'organisation nouvelle dont nous essayons de tracer les grandes lignes, on refusait de donner satisfaction aux désirs des parents qui souhaitent pour leurs enfants un complément d'instruction générale, soit en vue de l'entrée dans une école du gouvernement ou dans une administration quelconque, soit sans autre préoccupation que celle du bénéfice de cette instruction même, les pères de famille ne manqueraient pas d'aller chercher dans les écoles privées, la plupart du temps dans les écoles congréganistes, ce qu'ils auraient vainement demandé aux établissements d'instruction publique. Nous laisserions ainsi à des maîtres fort estimables et fort capables sans doute, mais animés souvent d'idées peu conformes aux nôtres, le soin de peupler nos administrations et nos écoles : ce ne serait ni sage ni prudent. Aussi croyons-nous indispensable de maintenir, dans la plupart de nos écoles primaires supérieures transformées, la section d'enseignement général proprement dit. Parce que nos écoles, avec leurs programmes actuels, ont été trop souvent, nous l'avons reconnu, des pépinières de petits fonctionnaires, il ne faudrait pas tomber pour cela dans l'excès contraire : il suffira de prendre, notamment au moyen des examens de passage, les précautions nécessaires pour que la section d'enseignement général ne soit pas trop peuplée au détriment des autres, et surtout pour qu'elle ne reçoive pas des enfants qui n'auraient pour l'instruction théorique que des dispositions médiocres, alors qu'ils pourraient profiter d'un enseignement moins abstrait et plus pratique.

Deux observations encore à propos de ce projet de sectionnement. Il va sans dire que les écoles primaires supérieures ne contiendraient que rarement les quatre sections : dans la plupart d'entre elles, on n'en organiserait que trois, ou même seulement deux : tout dépendrait des besoins locaux et des ressources dont on pourrait disposer. Enfin, suivant une idée que l'administration de l'instruction publique a déjà mise en pratique en plusieurs endroits, la division en sections ne commencerait qu'après une première année d'études communes à tous. Dans cette année, où l'enseignement professionnel n'aurait pas encore sa place, où l'on se préoccuperait seulement de prédisposer les enfants à le recevoir, les programmes suivis différeraient peu de ceux que les règlements aujourd'hui en vigueur ont tracés pour les cours complémentaires. L'institution de cette première année ainsi comprise présenterait un double avantage : elle permettrait à l'instituteur, autant que le comporte la différence des intelligences, d'élever à un niveau d'instruction presque uniforme les enfants qu'on lui envoie souvent très diversement préparés, et de ménager ainsi à l'enseignement professionnel, pour les années suivantes, un personnel scolaire à peu près homogène; elle lui fournirait en outre le moyen d'étudier les goûts, les aptitudes de chaque enfant, de façon à donner aux pères de famille, sur le choix de la voie où son fils doit être engagé, des conseils fondés sur l'observation et l'expérience[1].

Après avoir examiné *sous quelle forme* l'enseignement professionnel peut être introduit dans les écoles primaires supérieures, il nous reste, pour répondre à la question posée, à rechercher *dans quelle mesure* il y peut être donné. C'est sur ce point surtout que les dispositions à adopter devront varier selon les localités. Nous croyons toutefois pouvoir poser en principe, en tenant compte de l'utilité de l'instruction générale, que, dans toute école primaire supérieure professionnelle, quel qu'en soit le caractère, trois heures au moins cha-

1. Cette idée, que nous émettions en 1889, a été agréée par l'administration supérieure, et elle est consacrée aujourd'hui par l'article 30 du décret du 21 janvier 1893.

que jour doivent être réservées à l'enseignement littéraire et scientifique, ces deux enseignements étant d'ailleurs mis en rapport avec l'instruction technique que les élèves doivent recevoir : ainsi on insisterait davantage, dans une école industrielle, sur la géométrie, la physique ou la chimie; dans une école agricole, sur la chimie également et sur les sciences naturelles; dans une école commerciale, sur la géographie, l'arithmétique ou les langues vivantes. Mais en aucun cas on ne réduirait au delà des trois heures que nous réclamons, le temps quotidiennement accordé à la partie purement théorique des programmes. Il resterait pour l'enseignement professionnel un temps au moins égal. Nous disons « au moins égal », parce que nous ne voyons aucun inconvénient, quand on occupe les enfants à des travaux pratiques qui, en exerçant le corps, reposent l'esprit, à prolonger d'une heure ou deux la durée de la journée scolaire, actuellement fixée à six heures, comme on sait. Il serait ainsi possible de consacrer à l'instruction technique jusqu'à cinq heures par chaque jour de classe, le jeudi même, si on le jugeait utile, n'étant pas excepté. Dans ces conditions, le nombre total des heures employées à l'apprentissage serait environ d'un millier par année. C'est un chiffre très respectable, et dont, nous l'espérons, les partisans les plus ardents de l'enseignement technique n'hésiteront pas à se contenter.

Est-ce à dire que des écoles, organisées comme nous le proposons, sortiront désormais des ouvriers complets, parfaitement initiés à la pratique de leur métier ou de leur profession? Non, sans doute; et tel n'est pas non plus le but auquel nous devons tendre. Qu'on nous permette de nous appuyer, à cet égard, de l'opinion d'un homme technique, plus autorisé que nous pour parler savamment de ces questions. « Je considère, dit l'auteur du travail auquel nous nous référons, qu'on ne peut pas faire un ouvrier à l'école primaire supérieure : on n'y peut que commencer l'apprentissage et en sortir demi-ouvrier. On ne peut devenir un ouvrier véritable qu'après avoir passé dans un atelier où les matières se transforment pour être livrées au commerce ou à un autre atelier qui les transformera à son tour. Peut-on travailler des matières à l'école pour faire des pièces à livrer? Je ne le crois pas. L'État ne peut pas se faire industriel et faire concurrence aux fabriques avec l'argent des contribuables. On se plaint de la concurrence des prisons : que serait-ce de celle qui serait faite par les établissements d'instruction institués ou subventionnés par l'État? D'ailleurs, il est probable que, dans bien des cas, les produits ne seraient pas vendables, et il y aurait alors une trop lourde charge pour le budget. En résumé, j'ai la conviction que l'apprentissage peut être commencé à l'école pour le grand profit de notre industrie, mais qu'il doit se terminer à l'atelier, où seulement la vraie pratique peut être acquise[1]. »

1. S. Périssé, extrait d'un rapport d'inspection.

Telle est bien, croyons-nous, la vérité. Et puisque, quoi que nous fassions, nous ne pouvons pas songer à achever à l'école même l'apprentissage de l'ouvrier, non plus d'ailleurs que celui de l'agriculteur ou du commerçant, ce dont nous avons à nous préoccuper, ce n'est pas tant de savoir si nous aurons conduit l'élève plus ou moins près du but final : c'est, avant tout, de lui donner une instruction qui, loin de le détourner des carrières productives, aujourd'hui trop délaissées, où il est utile de le maintenir, l'y engage au contraire assez avant pour qu'au jour où il échappera à notre direction, il apparaisse avec évidence et à ses parents et à lui-même que son intérêt est de poursuivre sa marche sans dévier. En attirant aïnsi les jeunes gens vers l'agriculture, l'industrie et le commerce, en leur inspirant le goût de ces professions, en consacrant la moitié au moins du temps disponible à leur en apprendre les éléments, l'école primaire professionnelle aura grandement rempli son rôle : ce sera au maître ou au patron à parfaire l'œuvre commencée.

Dans les observations que nous venons de présenter, nous avons eu surtout en vue les écoles de garçons. Quant aux écoles de filles, où jusqu'à ce jour l'enseignement professionnel n'a guère été introduit, il nous paraît moins urgent de les transformer. On a reproché à ces établissements de préparer beaucoup de brevetées : nous ne voyons à cela aucun inconvénient, lorsque cette préparation est désintéressée, lorsqu'elle s'adresse à des jeunes filles qui ne recherchent le brevet que comme la consécration d'études faites, comme la preuve d'une instruction moyenne, et qui, au sortir de l'école, retournent dans leur famille pour y rester jusqu'au jour de leur mariage. Or le nombre des jeunes filles de cette classe est considérable; l'enseignement actuellement donné dans les écoles primaires supérieures est tout à fait à leur convenance; il faut le leur conserver, sous peine de voir déserter nos écoles au profit des couvents et des institutions privées. Cette même instruction, plus théorique que pratique, est encore fort utile pour les aspirantes aux écoles normales, dont nous avons intérêt à ne pas trop diminuer le nombre. Où le mal commence, c'est quand elle est donnée à des jeunes filles qui, ne devant point passer par l'école normale, cherchent pourtant dans la possession du brevet un moyen de gagner leur vie : en ne les détournant pas de la voie sans issue où elles veulent s'engager, on leur prépare de cruelles déceptions et un avenir plein de dangers. C'est pour cette catégorie d'élèves que, sans supprimer jamais la section d'enseignement général, il serait utile d'introduire, dans bon nombre d'écoles supérieures actuellement existantes, une ou plusieurs sections professionnelles. Dans plusieurs grandes villes, à Paris notamment, cette œuvre a été entreprise, et elle a fort bien réussi : des jeunes filles, qui reçoivent pendant la matinée un complément d'instruction primaire générale, passent leur après-midi dans les ateliers que les écoles possèdent et où des

12

maîtresses ouvrières leur apprennent un métier manuel : on y forme des couturières, des modistes, des fleuristes, des plumassières, des brodeuses, des giletières, des corsetières, des lingères, des peintres sur éventail ou sur porcelaine. A ces métiers déjà nombreux, combien d'autres pourraient être ajoutés, qu'on regarde jusqu'à présent, nous ne savons trop pourquoi, comme convenant seulement aux hommes! Pourquoi les jeunes filles ne seraient-elles pas mises à même d'apprendre à l'école, de treize à seize ans, la sculpture sur bois ou sur ivoire, la gravure, la ciselure, la photographie et la retouche, l'horlogerie, la joaillerie, le moulage, le modelage, la marqueterie, la maroquinerie, la typographie, etc.? Le choix à faire entre tous ces métiers dépend évidemment des conditions locales; mais ce n'est pas, on le voit, les professions qui manquent pour les jeunes filles qui, tout en complétant leur instruction primaire, ont besoin de se préoccuper d'un gagne-pain pour l'avenir. Ajoutons qu'on peut encore, ainsi qu'on le fait, par exemple, à Lyon, créer pour elles soit des sections commerciales, où l'enseignement donné les prépare à entrer dans les maisons de commerce comme caissières, comme comptables, ou pour y être chargées de la correspondance avec les pays étrangers, soit des cours spéciaux organisés en vue des examens d'entrée dans les administrations qui occupent des femmes, comme le font certaines compagnies financières et l'administration des postes et télégraphes. Cette introduction de l'enseignement professionnel dans les écoles primaires supérieures de filles rendrait, croyons-nous, de grands services aux enfants de la classe populaire, et même de la classe moyenne. Quant à la mesure d'après laquelle cette instruction professionnelle devrait y être combinée avec l'enseignement général, les indications données à propos des écoles de garçons nous paraissent pouvoir être reproduites sans changements notables.

IV. — L'ENSEIGNEMENT PROFESSIONNEL ET LES ÉCOLES NORMALES PRIMAIRES.

Nous n'aurons que peu de chose à dire à propos des écoles normales : aussi bien la question dont l'étude est proposée au congrès nous paraît-elle devoir être, en ce qui concerne ces écoles, résolue par la négative. Le seul enseignement professionnel qui convienne aux élèves-maîtres et aux élèves-maîtresses, c'est celui qui, au moyen des cours de pédagogie et surtout des exercices pratiques de l'école annexe, a pour objet de leur apprendre à faire une classe. Quant à l'enseignement agricole, industriel et commercial, il ne saurait être introduit dans les écoles normales avec le caractère professionnel. Les élèves que ces écoles reçoivent et qui, pour la plupart, n'exerceront, comme instituteurs et institutrices, que dans les écoles élémentaires, ne seront jamais appelés à donner un enseignement de cette nature; et, quant aux écoles primaires supérieures, c'est à des hommes de métier ou bien à des maîtres que des études complémentaires et spéciales, faites en dehors et après la sortie de l'école normale, auront préparés à cette tâche, que la partie technique des programmes devra être confiée. Il suffit donc que l'école normale procure aux jeunes gens et aux jeunes filles qui y sont admis les connaissances nécessaires pour cet enseignement préparatoire à l'instruction professionnelle qui, comme nous l'avons dit en commençant ce travail, est seul du ressort de l'école primaire élémentaire. A cet égard, les programmes aujourd'hui en vigueur nous semblent bien conçus. Que quelques améliorations soient possibles et désirables; qu'il puisse être utile, par exemple, de confier à un autre maître qu'au professeur départemental, le jour où la loi n'y fera plus obstacle, le cours d'agriculture, de donner à cet enseignement plus de continuité, plus de suite, et de rendre plus effectifs, plus sérieux, en n'en remettant la direction et la surveillance qu'à des hommes compétents, les exercices pratiques au jardin ou au champ d'expériences; qu'il soit avantageux de ne pas borner les travaux manuels aux seuls travaux de fer et de bois et de se préoccuper davantage des exercices élémentaires qui ne nécessitent pas l'installation d'ateliers; qu'enfin, pour les écoles normales de filles spécialement, il soit bon de ne pas oublier, comme on a tendance à le faire trop souvent, que la majeure partie des élèves sont des filles de la campagne et sont destinées à devenir des institutrices de campagne, et de leur donner en conséquence, s'il est permis de s'exprimer ainsi, une éducation un peu plus rurale, nous n'en disconvenons pas ; mais nous croyons devoir seulement indiquer d'un mot toutes ces questions, dont le développement nous entraînerait en dehors des limites du sujet où nous devons nous renfermer.

V. — Conclusions.

Il nous reste à énumérer les conclusions auxquelles nous avons été conduits. Elles peuvent être formulées dans les propositions suivantes, que nous soumettons à l'examen et au vote du prochain congrès :

1° L'enseignement professionnel est essentiellement *pratique* et *spécial,* c'est-à-dire qu'il doit avoir pour objet l'acquisition de connaissances particulièrement applicables à l'exercice de tel ou tel métier déterminé.

2° Cet enseignement ne peut être donné ni dans les écoles primaires élémentaires ni dans les écoles normales primaires.

3° L'école primaire élémentaire peut et doit préparer l'enfant à recevoir plus tard l'enseignement professionnel, surtout l'enseignement industriel et l'enseignement agricole.

4° L'enseignement professionnel doit être introduit dans la majeure partie des écoles primaires supérieures de garçons : il y sera agricole, industriel ou commercial, selon les besoins des localités.

5° Dans les écoles où ne suffirait pas un seul de ces

divers enseignements, les élèves, après une première année d'études communes à tous, seront divisés en sections distinctes et recevront dans chacune de ces sections une instruction théorique et pratique en rapport avec la profession qu'ils se proposent d'exercer.

6° Chaque fois que l'utilité en sera reconnue, une section d'enseignement primaire supérieur proprement dit, où seront conservés les programmes actuels, devra être maintenue.

7° Dans les sections professionnelles, trois heures au moins pour chaque jour de classe seront réservées à l'instruction générale.

8° L'école primaire supérieure ne peut avoir pour but de former, dans quelque branche que ce soit, un ouvrier complet. Elle ne peut que commencer l'instruction professionnelle de l'élève et abréger pour lui la durée de l'apprentissage.

9° L'introduction de l'enseignement professionnel dans les écoles primaires supérieures de filles serait désirable dans toutes les grandes villes.

LE TRAVAIL MANUEL ÉDUCATIF

ET L'APPRENTISSAGE A L'ÉCOLE

(A propos des *Réflexions d'un manufacturier*, de M. Denis Poulot.)

Lorsque, il y a trois ans, une entente s'établit entre les diverses administrations intéressées, en vue de donner à l'instruction que reçoivent les élèves des écoles primaires supérieures un caractère professionnel plus accusé, le ministre du commerce, qui manquait d'agents pour cette tâche, se préoccupa d'abord, comme on sait, de constituer un corps d'inspecteurs de l'enseignement technique. Il s'adressa à cet effet à quelques ingénieurs d'une haute compétence, à quelques notables industriels, qui consentirent à prêter à l'État, pour le succès de l'œuvre qu'on allait entreprendre, un concours entièrement gratuit et désintéressé. Par deux arrêtés, en date des 21 et 28 juin 1888, la France fut partagée en onze circonscriptions d'inspection régionale. Chacun des onze inspecteurs attachés à ces circonscriptions eut, dans les départements soumis à son autorité, un correspondant, officiellement désigné par le ministère du commerce et de l'industrie et remplissant, dans les mêmes conditions de gratuité, les fonctions d'inspecteur local.

Le premier soin des inspecteurs de l'enseignement technique fut de rechercher pour chaque région comment il convenait de procéder en vue de la transformation qu'on méditait. Il fallait, en allant sur place se rendre compte *de visu* de l'état des choses, en étudiant à la fois la situation scolaire et la situation économique locale, en s'entretenant avec les intéressés, déterminer où une école manuelle d'apprentissage proprement dite serait nécessaire; où, au contraire, une école professionnelle, conservant par ses programmes un caractère plus théorique, rendrait de meilleurs services, et quelle serait alors la nature de l'enseignement professionnel à organiser : s'il serait agricole, ou industriel, ou commercial; dans quels cas, enfin, on pourrait ave cavantage conserver une école primaire supérieure pure et simple, sans programme professionnel, ou seulement, dans une école devenue professionnelle, une section d'enseignement primaire supérieur.

C'était une enquête générale à entreprendre. Cette enquête a eu lieu et a duré plus d'une année. Pendant ce temps, presque toutes les écoles primaires supérieures de France ont été visitées par les inspecteurs du ministère du commerce; tous les renseignements qu'ils ont jugés nécessaires leur ont été fournis; les programmes, les horaires et les tableaux d'emploi du temps, les relevés statistiques, tout ce qui pouvait, en un mot, leur permettre de se faire une idée exacte de l'état et du fonctionnement d'une école, tout a été mis à leur disposition; enfin, pour les renseignements se rapportant à l'instruction technique, et particulièrement pour l'enseignement des travaux manuels qui les intéressait d'une façon plus directe, ils ont pu se rendre compte par eux-mêmes des méthodes employées et de la valeur des maîtres.

A propos de cette partie de nos programmes, dont la conception et l'organisation étaient en réalité l'œuvre presque exclusive d'universitaires, il était curieux de savoir quelle serait l'opinion d'hommes auxquels leurs préoccupations habituelles et la nature de leurs travaux quotidiens devaient vraisemblablement inspirer des idées quelque peu différentes et qui, moins portés à s'intéresser aux questions pédagogiques, moins soucieux peut-être d'instruction générale et d'éducation, auraient surtout en vue les besoins de l'industrie et les services qu'elle pouvait tirer de cet enseignement manuel introduit dans nos écoles. Cette opinion des inspecteurs de l'enseignement technique s'était traduite dans les rapports que chacun d'eux, à la suite de sa tournée dans la région qui lui avait été assignée, dut rédiger et adresser au ministre du commerce. Mais ces rapports, bien qu'ils aient été imprimés, n'ont pas reçu de publicité. En outre, ils concernent tels ou tels établissements particuliers; ils ont trait à des points spéciaux; on y trouve plus d'observations de détail que de vues générales, l'étude d'ensemble de la question ayant été à dessein réservée pour être traitée d'un commun accord à la fin de l'enquête. Aussi ne peuvent-ils guère servir à dégager l'impression exacte qu'ont rapportée de leurs inspections récentes nos nouveaux collaborateurs.

L'un d'entre eux, l'honorable M. Denis Poulot, vient, pour sa part, de satisfaire à cet égard notre curiosité, en faisant connaître, dans une intéressante brochure, sa manière de voir sur le travail manuel éducatif et les écoles d'apprentissage[1]. Cette brochure est écrite d'un style pittoresque, imagé, parfois un peu audacieux; on y reconnaît bien la facture de l'auteur du *Sublime*[2]. Pour M. Poulot, l'employé attaché à un bureau est un « rond de cuir »; l'homme qui n'appartient pas à l'armée n'est point un civil, mais un « pékin »; l'examen qui sert de couronnement, pour les garçons, aux études secondaires n'est pas le baccalauréat, mais le « bachot », et ceux qui n'y réussissent pas sont des « bachots ratés »; ainsi du reste. Quoiqu'il l'ait composé sans beaucoup d'ordre et (qu'on nous passe l'expression, — M. Denis Poulot, lui, ne s'en effarouchera certainement pas) un peu à la diable, on n'en lira pas moins le travail de M. Poulot avec plaisir et avec profit : les idées y abondent; l'auteur s'attaque à nombre de questions, qu'il aborde en quelques mots, et tranche d'une façon souvent un peu trop sommaire, un peu trop expéditive.

Nous ne suivrons pas M. Denis Poulot dans l'examen, même rapide, de toutes ces questions.

1. *Réflexions sur les écoles d'apprentissage et le travail manuel éducatif en France*, par Denis Poulot, manufacturier, 1 plaquette de 60 pages, in-12. Paris, 1891, imprimerie E. Pigelet.

2. *Le Sublime :* question sociale, par Denis Poulot, 1 vol. in-12 de 390 pages. Paris, Marpon et Flammarion éditeurs. On sait que ce curieux volume, où l'on trouve peints avec une singulière originalité de touche les divers types du monde ouvrier parisien, a grandement servi à M. Emile Zola pour son fameux roman de l'*Assommoir*.

Si nous sommes d'accord avec lui pour reconnaître les services que rendent à l'enseignement industriel les établissements du type de l'école Diderot à Paris et pour souhaiter la création d'un plus grand nombre d'écoles commerciales; si nous désirons comme lui qu'on trouve un moyen efficace de purger nos lycées des non-valeurs qui encombrent les classes; si nous estimons, comme il le pense lui-même, que l'organisation de l'instruction technique en France est pour le moment œuvre législative et que, pour nous délivrer des embarras que nous causent les lois aujourd'hui en vigueur, une loi nouvelle serait nécessaire; si nous sommes portés à nous associer volontiers aux critiques qu'il adresse tant aux auteurs de programmes, qui ne savent pas « tenir compte du temps et de la moyenne des cerveaux », qu'aux architectes trop amoureux des constructions à effet, compliquées et dispendieuses, sur beaucoup d'autres points nous aurions bien des réserves à faire. La suppression des collèges communaux et leur transformation en écoles commerciales ne serait pas une mesure aussi simple que M. Poulot semble le croire. Une réforme aussi radicale serait-elle partout désirable et utile? Nous en doutons fort; et si les administrations compétentes n'en prennent pas l'initiative, ce n'est pas, croyons-nous, uniquement dans la crainte de faire « pousser des cris de chat-huant à tous les petits boutiquiers des petites villes de province ». Il ferait beau suivre M. Poulot dans l'application de ses idées novatrices! On ferait joliment le jeu des écoles secondaires privées, pour les trois quarts aux mains d'ecclésiastiques!

Vouloir attribuer, comme le propose M. Poulot, « à l'agriculture les écoles agricoles, au commerce et à l'industrie les écoles industrielles et commerciales, au ministère de l'instruction publique les écoles normales pour former les instituteurs », il semble que ce soit l'évidence, la raison même; mais, quand on s'est donné la peine, comme nous avons dû le faire tout récemment encore, d'examiner de près, région par région, ville par ville, les conditions d'existence et de fonctionnement de tant d'établissements dans lesquels l'enseignement technique et l'instruction générale complémentaire doivent être associés, combinés de façon à satisfaire non seulement aux vœux des familles, mais encore et surtout aux futurs besoins des élèves qui ne sont pas seulement des commerçants, des ouvriers ou des cultivateurs, mais aussi des citoyens et des hommes, on trouve la question singulièrement complexe, et l'on en arrive à penser que toutes ces formules, en apparence si simples et si sensées, ne sont souvent en réalité que des paroles lancées à la légère, avant une étude sérieuse et réfléchie des difficultés pratiques.

Enfin, n'est-il pas excessif de prétendre que les écoles municipales de Paris, telles que l'école Turgot, ne forment guère que des employés, et que dans nos écoles nationales professionnelles, à Vierzon, à Voiron, à Armentières, on ne fait que des « touche-à-tout »? Si M. Poulot avait eu entre les mains, comme nous l'avons eue récemment, la liste des anciens élèves sortis de l'école Turgot avec l'indication des situations que chacun d'eux occupe, nous pensons qu'il se montrerait moins sévère pour cet établissement. L'école Turgot, comme le collège Chaptal et les autres écoles similaires, peut avec quelque orgueil montrer son *Livre d'or*. Quant à nos trois écoles nationales professionnelles, il ne faudrait pas oublier qu'à Voiron la troisième année n'a été établie qu'en 1888, qu'à Vierzon et à Armentières elle n'a été installée qu'au mois d'octobre 1889, et qu'en fait ces établissements fonctionnent normalement depuis dix-huit mois à peine. Il serait équitable, si l'on veut juger par les résultats obtenus, de ne pas trop se hâter et de laisser à ces résultats le temps de se produire[1].

Nous tenons à faire ces réserves; mais nous n'y insisterons point, pas plus que nous ne nous attarderons à relever plusieurs erreurs qui ont échappé à l'attention de M. Poulot. A quoi bon noter, par exemple, que l'apprentissage et l'enseignement secondaire non classique sont, contrairement à ce que semble penser l'auteur de notre brochure, deux choses fort différentes; ou bien que l'école normale spéciale, créée pour l'enseignement des travaux manuels et dont l'existence a été éphémère, n'est nullement l'école de Saint-Cloud? Ce sont là, pour la question qui nous occupe, des détails secondaires, et nous ne voudrions pas qu'on pût nous reprocher de chicaner. Aussi bien avons-nous hâte d'arriver

1. Depuis le jour où cet article a paru, des résultats ont été obtenus, et ils ont été encourageants.

à ce qui constitue la partie importante, essentielle, de l'étude de M. Denis Poulot : le travail manuel éducatif et l'apprentissage.

Le travail manuel éducatif, tel qu'il a été organisé dans la plupart de nos établissements d'instruction primaire, n'a pas le don de plaire à M. Poulot, et les auteurs de nos programmes officiels ne trouvent pas facilement grâce devant lui. Voici quelles sont les critiques et les objections qu'il formule.

Comme exercices de travaux manuels, vous avez, nous dit-il, fait choix de quatre spécialités : 1° le bois ; 2° le fer ; 3° le modelage ; 4° l'agriculture. Or, d'après vos programmes, vous consacrez au travail manuel 4 heures au plus par semaine, ce qui donne environ 500 heures de travail manuel, soit 166 heures par année. « Comme il y a quatre spécialités, nous aurons 41 heures par spécialité. Nous nous demandons ce que peut bien apprendre de sérieux un jeune garçon travaillant au fer, par exemple, 41 heures pendant huit ou dix semaines consécutives par année ? » Peut-être saura-t-il « enfoncer un clou, scier et raboter une tablette, limer le bout d'une tringle de rideaux, ou donner un coup de lime au pêne d'une serrure ». Mais ce sont là de minces résultats. Or, pour les obtenir, sait-on quelle serait, au dire de M. Poulot, l'importance des dépenses à effectuer ? Ici surtout nous tenons à citer textuellement. « Chaque école, dit M. Poulot, devrait posséder les ateliers, champs d'expérience, professeurs techniques, l'outillage et les matières nécessaires au travail, pour pouvoir exécuter la loi. Nous avons fait le compte, et, rien que pour l'outillage strictement nécessaire, il faudrait dépenser au moins *cinq cents millions*. Il en faudrait à peu près autant pour le reste. »

Un milliard pour apprendre aux enfants de nos écoles primaires à limer des tringles et à enfoncer des clous! Certes, si M. Poulot est dans le vrai, il faudra bien avouer que le législateur qui a introduit le travail manuel dans l'instruction primaire, et les administrateurs, les hommes d'enseignement qui se sont ensuite appliqués à l'organiser, ont tout simplement fait acte de pure folie. On voudra bien admettre à priori que la supposition est peu vraisemblable.

Et, en effet, toute personne connaissant quelque peu la question verra immédiatement quelle est l'erreur grave commise par M. Poulot. Il existe dans quelques grandes villes, notamment à Paris, des écoles primaires élémentaires dans lesquelles on a voulu installer des ateliers. Tout le monde connaît, au moins de réputation, l'école qui peut servir de type pour les établissements de ce genre : nous voulons parler de l'école de la rue Tournefort. Là tous les enfants sans exception sont exercés au travail d'atelier. Les plus grands y consacrent trois heures par jour, travaillant alternativement à la menuiserie, au tour, à la forge, à l'ajustage, au modelage et au moulage, à la sculpture sur bois et sur pierre. Pour le cours moyen, il y a une heure d'atelier par jour; pour le cours élémentaire, outre deux heures de modelage, deux heures d'atelier par semaine consacrées alternativement au travail du bois et du fer. Or M. Poulot semble croire que dans les 25,000 écoles communales de garçons que nous comptons actuellement en France d'après les dernières statistiques officielles, il est question d'introduire une organisation analogue. C'est là qu'est son erreur, et elle est considérable. Personne, même parmi les partisans les plus ardents du travail manuel éducatif, n'a jamais eu pareille pensée. Il faudrait, pour concevoir une telle idée, fermer les yeux à l'évidence même : jamais on n'obtiendrait des petites municipalités les installations nécessaires, et dût-on les obtenir qu'il ne faudrait même pas tenter une telle entreprise. Il n'est pas bon, en effet, — et à ce propos, tout en rendant hommage aux talents, au dévouement, au zèle si méritoire de tous ceux qui ont contribué à la création de l'école de la rue Tournefort, nous aurions bien des réserves à faire sur l'organisation qu'on y a adoptée, — il n'est pas bon, croyons-nous, de mettre à l'établi ou à l'étau des enfants de sept à dix ans et de les exercer à jouer à l'ouvrier, comme, il n'y a pas longtemps encore, on les habituait, avec les bataillons scolaires, à jouer au soldat; cela n'est bon, à notre avis, ni pour l'enseignement ni même pour l'hygiène, et ce n'est pas à l'école primaire élémentaire qu'on doit songer, même quand on peut le faire, à annexer un atelier pour le fer et le bois.

Mais, parce qu'on n'y installera pas d'atelier, est-ce à dire qu'il faudra proscrire le travail manuel? Aucunement, et c'est là ce qu'il importe qu'on comprenne et qu'on sache. Il existe toute une série de travaux, indiqués dans nos programmes et auxquels, sans atelier d'aucune sorte, l'instituteur peut, avec le plus grand profit, occuper ses élèves. Il leur fera faire, dans la salle de classe même, des exercices de tressage, de pliage, de tissage, de découpage, de cartonnage, de vannerie, de corderie, de treillage; il poussera aussi avant que possible l'enseignement du dessin, du modelage, la confection de croquis cotés, et de la sorte il développera chez l'enfant l'activité, l'esprit d'observation, le goût des occupations manuelles; il lui fera acquérir la sûreté du coup d'œil et l'habileté de la main, et le disposera de la manière la plus efficace à profiter plus tard de l'enseignement technique dans des établissements d'un ordre supérieur et d'un caractère plus spécial. Voilà le travail manuel éducatif que nous demandons pour les enfants de moins de douze ans; voilà celui que nous voudrions voir introduit dans nos 25,000 écoles de garçons. Les industriels auraient grand tort d'en faire fi; en le répandant, en le généralisant dans la mesure de nos moyens, nous avons la prétention, que confirment déjà quelques résultats obtenus, de leur préparer pour l'apprentissage, soit à l'école, soit à l'atelier, d'excellentes recrues.

Et pour cela sait-on quelle dépense est nécessaire? Que faut-il? De quoi acheter un peu de carton, de papier, de laine, de corde, de fil de fer, c'est-à-dire quelques centaines de francs par commune, selon l'importance des établissements scolaires qui y existent. Cette somme, on peut, dans bien des localités, l'obtenir soit du conseil municipal, soit de la caisse des écoles. Nous sommes loin, comme on voit, du milliard de M. Poulot, et nous pouvons en effacer un bon nombre de zéros.

Nous n'avons parlé que des écoles élémentaires : mais la question du travail manuel éducatif doit être également examinée en ce qui concerne les écoles primaires supérieures, et M. Denis Poulot n'a garde de négliger ce point. Sur ce chapitre, nous ne serions pas loin de nous entendre avec M. Poulot, à condition cependant qu'il veuille bien distinguer tout d'abord entre les écoles qui ont la prétention de préparer aux carrières industrielles et celles où l'on ne se propose point ce but. Dans ces dernières, quels élèves reçoit-on? Nous le disions, il y a deux ans, dans cette revue même[1]. On y reçoit quatre catégories d'élèves dont on aurait grand tort, par des programmes mal appropriés à leurs besoins, de s'exposer à perdre la clientèle : d'abord ceux qui se destinent à la carrière de l'enseignement et dont l'instruction théorique doit être poursuivie depuis le jour où ils ont quitté l'école primaire jusqu'au moment où ils peuvent se présenter à l'école normale, c'est-à-dire de treize à seize ans; puis ceux dont l'intention est d'entrer dans les diverses administrations soit publiques, soit privées; ceux qui ont en vue la profession de cultivateur; et enfin cette foule de jeunes gens dont les parents exercent dans la ville un petit commerce de détail ou

1. Voir ci-dessus, page 193.

de demi-gros et veulent, en attendant que leurs fils soient en âge de travailler avec eux, leur procurer, jusqu'à leur quinzième ou seizième année, une instruction un peu plus large, un peu plus complète que celle dont l'école primaire élémentaire a pu les munir. Que ces élèves-là, et ils sont nombreux, soient habitués à se servir de leurs doigts autrement que pour tenir une plume; qu'on les exerce à l'étau ou à l'établi, rien de mieux; mais, pour ce dont ils ont besoin en fait de travail manuel, pour ce qu'on cherche à leur apprendre, les programmes actuellement en vigueur nous paraissent sagement conçus, et les quatre heures par semaine que prescrivent les règlements, semblent suffire. A cette manière de voir, M. Poulot ne contredit point, quand il s'agit des écoles agricoles; dans cette catégorie d'établissements qui devront former, il ne faut pas l'oublier, plus de la moitié des élèves de nos écoles primaires supérieures, le travail manuel éducatif lui paraît non seulement utile, mais d'une urgente application. Nous ne concevrions guère qu'on fût plus exigeant à l'égard des futurs employés ou des futurs instituteurs. Pas plus que les jeunes gens qui vivront de l'agriculture, ils ne sont destinés à passer leur vie dans les ateliers : le travail manuel à l'école n'est pour eux qu'un enseignement accessoire, un excellent moyen d'éducation physique. Point n'est besoin, pour atteindre aux résultats que l'on cherche, de les occuper durant la moitié de la journée scolaire à scier, à raboter, à limer, à buriner. Si l'on avait jamais, pour ces diverses catégories d'élèves, la fâcheuse idée d'entrer dans cette voie, la conséquence est facile à prévoir : on aurait vite fait déserter bon nombre de nos écoles primaires supérieures, au profit, non pas, comme quelques-uns affectent de le croire, d'écoles techniques, mais bien d'établissements privés où l'on s'empresserait d'offrir aux pères de famille cette instruction complémentaire générale que ceux-ci ne trouveraient plus dans les écoles de l'État. Or ces établissement privés dont nous parlons, on sait quels ils sont : on connaît les tendances de ceux qui les dirigent. Il y a là une considération qu'à notre époque on ne doit jamais négliger, quand on s'occupe des questions de programmes et quand on songe à des réformes.

Mais à côté des jeunes gens qui ont en vue les emplois de l'administration ou la carrière de l'enseignement, il en est, dans nos écoles primaires supérieures, qui, eux, entreront dans l'industrie, qui seront ouvriers, avec la perspective, leur instruction aidant, de devenir plus tard contremaîtres et, qui sait? peut-être patrons. L'enfant dont tel est l'avenir sort vers l'âge de douze ans de l'école primaire élémentaire, pourvu, nous le supposons, de son certificat d'études. Que va-t-il devenir? Va-t-on le mettre immédiatement en apprentissage chez un industriel? Souvent il le faudra bien, soit que dans la localité où habitent ses parents il n'y ait pas d'autre moyen praticable pour lui faire apprendre un métier, soit que le père, pauvre et chargé de famille, ne puisse se passer du maigre salaire que déjà peut gagner l'enfant. Voilà donc notre ex-écolier devenu apprenti dans un atelier. Examinons de près la situation qui lui est faite : elle est digne d'intérêt, pour ne pas dire de pitié, car l'apprentissage à l'atelier, dans les conditions où il existe à présent, est, pour qui le considère, une assez triste chose. Sur ce sujet M. Denis Poulot a écrit, dans sa brochure, une excellente page, que nous nous reprocherions de ne pas citer en entier :

« Plusieurs considérations de premier ordre nous obligent, dit-il, à repousser l'apprentissage dans l'atelier. La première, c'est que le petit atelier où l'apprentissage était sérieux tend à disparaître. Quant à l'apprentissage dans les grands ateliers, il est impossible. L'envahissement civilisateur du machinisme, en transformant les procédés de construction et de fabrication, ne permet plus, en effet, de former des apprentis dans la grande industrie. D'ailleurs l'apprentissage y serait-il possible qu'une deuxième considération morale nous le ferait repousser très énergiquement. C'est de treize à seize ans que les jeunes gens s'assimilent facilement les mauvais exemples : or, mettre en contact permanent des adolescents avec des hommes faits dont l'éducation, le langage et les habitudes sont loin d'être corrects et qui demanderaient une certaine réserve en raison de leurs jeunes voisins, c'est, en voulant former un ouvrier, faire un *sublime*[1]. Il est donc du devoir de tous les gens sérieux d'arra-

1. Voir ci-dessus page 214, note 2.

cher l'enfant à ce milieu corrupteur, pour ne le laisser entrer qu'après qu'il aura, au moins pendant trois années, été fortifié dans un milieu sérieux.

« Une troisième considération nous paraît aussi concluante que la précédente. Nous disions tout à l'heure que le patron du petit atelier pouvait encore montrer à son apprenti; malheureusement il subit aussi les effets du machinisme : il achète les pièces manufacturées pour ne s'occuper que de la pose; il est bien obligé de spécialiser son apprenti, qui saura, par exemple, poser une serrure, et non la faire.

« Il n'est pas possible de demander aux patrons, et encore moins aux ouvriers, de montrer aux apprentis autre chose que la routine du métier, ce qui est beaucoup certainement; mais ils négligent un enseignement complémentaire, indispensable, qu'ils ignorent souvent eux-mêmes et que seule l'école peut donner aux élèves, et qui dans l'avenir leur assurera une véritable supériorité. Il y a des exercices utiles pour l'enseignement, mais onéreux, qui peuvent se faire à l'école, et que le patron ne fera jamais. »

Voilà certes un énergique réquisitoire contre l'apprentissage à l'atelier; prononcé par un homme connaissant l'industrie comme la connaît M. Poulot, il nous paraît irréfutable. La conséquence de ces idées si sensées, si nettement exprimées, c'est que l'organisation de l'apprentissage à l'école, pour les enfants de la classe populaire en âge d'en profiter, est aujourd'hui une nécessité sociale et économique de première importance. Or, à cet égard, il nous reste encore beaucoup à faire; et quand M. Poulot déclare que les écoles primaires supérieures, telles qu'elles fonctionnent aujourd'hui, ne donnent pas satisfaction à l'industrie, nous estimons qu'il a grandement raison.

Pour les élèves qui demain seront des ouvriers, ce n'est plus de travail manuel éducatif, mais de travail sérieusement professionnel qu'il doit être question; ce n'est pas sur quatre heures d'atelier par semaine, mais bien par jour qu'il faut tabler. Il y a là toute une organisation nouvelle à étudier, tout un système nouveau à mettre en pratique : ici, dans telle ville manufacturière, pour tous les jeunes gens fréquentant l'école; ailleurs, dans telle localité industriellement moins importante, pour une partie seulement des élèves qui y sont reçus. Déjà les grandes lignes des programmes à adopter ont été tracées par les auteurs des règlements de 1888: les questions de détail et d'application ont été mises récemment à l'étude. M. Denis Poulot, dans sa brochure, dit quelques mots des idées qui semblent devoir prévaloir : notre intention n'est pas de nous y arrêter aujourd'hui. Mieux vaut, pour se livrer à cet examen, attendre l'apparition des nouveaux décrets que ne tardera pas sans doute à publier le gouvernement[1], et qu'ont déjà préparés des commissions spéciales, auxquelles M. Denis Poulot a souvent apporté le précieux concours de ses lumières et de sa grande expérience.

1. Voir ci-dessus la note de la page 191.

L'ENSEIGNEMENT PRIMAIRE

AU CONGRÈS INTERNATIONAL DE L'ENSEIGNEMENT TECHNIQUE

On ne compte plus, en ce temps d'Exposition, le nombre des congrès internationaux qui se réunissent à Paris. L'enseignement technique ne pouvait manquer d'avoir le sien : il a eu lieu en effet du 8 au 13 juillet 1889, au Conservatoire des arts et métiers.

Le programme des questions proposées avait été ainsi établi :

1°

(*a*) Organisation générale de l'enseignement technique dans les divers pays.

(*b*) Définition (enseignement technique commercial, enseignement technique industriel).

(*c*) Classification.

(*d*) Rapports de l'enseignement technique, commercial et industriel, avec l'enseignement général à ses divers degrés.

(*e*) Sanction des études.

(*f*) Action sur la création, la surveillance et la direction des établissements d'enseignement technique, des sociétés privées, des chambres syndicales, consultatives, de commerce, etc.; des municipalités, des conseils généraux, de l'État.

2°

État actuel de l'apprentissage; ses rapports avec l'enseignement technique élémentaire.

Notre intention n'est pas de donner ici un compte rendu complet des travaux du congrès. Nous voulons seulement nous occuper des rapports de l'enseignement technique avec l'enseignement général, et particulièrement avec l'enseignement primaire.

Le congrès s'était divisé en deux sections : la section industrielle et la section commerciale. Voici d'abord quelles ont été, suivant les propositions de ces deux sections, les résolutions prises relativement à la seule question dont nous ayons à parler, celle de l'enseignement.

D'après une proposition de la section industrielle, l'enseignement technique, pris dans son acception la plus large, doit être considéré comme ayant pour objet l'étude des arts et des sciences en vue de leur application à une profession déterminée. Il suit la variété des professions elles-mêmes, et ses degrés s'échelonnent selon le but qu'il poursuit. Il peut comprendre deux parties distinctes, l'une théorique, l'autre pratique et faisant appel aux exercices manuels; à cette dernière ressortit plus particulièrement l'apprentissage.

Le congrès, désireux que tous ceux qui s'intéressent à l'enseignement technique emploient des termes identiques, afin d'éviter toute confusion, émet le vœu que dorénavant, dans le langage international, les mots « enseignement technique », lorsqu'ils ne sont suivis d'aucune épithète, désignent l'ensemble des deux enseignements industriel et commercial.

L'enseignement technique primaire est celui qui est donné dans les écoles d'apprentissage et les écoles primaires supérieures[1].

L'enseignement technique secondaire correspond à l'enseignement donné dans les écoles d'arts et métiers (il faudrait ajouter, à notre avis, et dans les écoles spéciales de commerce).

L'enseignement technique supérieur est celui qui correspond à l'enseignement donné à l'École centrale des arts et manufactures (il faudrait ajouter, à notre avis, « et à l'École des hautes études commerciales »).

Quant à la sanction des études, la section recommande la continuation de la remise de diplômes et de certificats d'études, actuellement pratiquée dans un grand nombre d'établissements.

Voici le texte des autres vœux émis par le congrès :

En matière industrielle : 1° Le congrès, d'accord avec les décisions antérieurement prises par les congrès du Havre, de Bordeaux, et des chambres syndicales de France, reconnaissant que le travail manuel doit faire partie intégrante d'un bon système d'éduca-

1. Aujourd'hui cet enseignement est encore donné dans les écoles pratiques de commerce et d'industrie, établies en exécution de la loi du 26 janvier 1892.

tion générale, puisqu'il contribue à développer l'activité, l'observation, la perception et l'intuition, et aussi le goût des occupations manuelles, émet le vœu qu'il soit introduit le plus tôt possible dans celles des écoles élémentaires où il ne l'a pas encore été.

Le congrès émet en outre le vœu que les exercices de travail manuel dans les écoles primaires élémentaires soient faits de façon à produire surtout ces résultats : permettre l'indication des aptitudes de l'enfant, lui faire acquérir l'habileté de la main et le préparer à recevoir plus tard l'enseignement technique.

2° Le congrès émet le vœu que des écoles d'apprentissage soient créées en aussi grand nombre que possible et appropriées aux industries locales pour fournir de bons ouvriers, et que le travail et les exercices manuels reçoivent le plus grand développement possible dans les écoles primaires supérieures.

3° Le congrès émet le vœu que des cours professionnels du jour, du soir, du dimanche, soient fondés en aussi grand nombre que possible et par spécialités, afin de compléter l'instruction technique des apprentis et des ouvriers, sans leur laisser perdre l'instruction générale acquise à l'école primaire; et que l'éducation ménagère, déjà organisée dans certains centres et dans certains pays, reçoive l'extension nécessaire pour permettre aux jeunes filles d'acquérir les connaissances indispensables à la ménagère.

4° Le congrès émet le vœu que des patronages ou sociétés de protection soient créés en plus grand nombre, avec ou en dehors des cours professionnels, afin d'encourager et de récompenser les efforts, le mérite et les résultats des travaux des élèves, employés, ouvriers, apprentis, de faciliter leur placement et aussi d'établir entre eux des liens de confraternité.

5° Le congrès émet le vœu que les conseils généraux, les chambres de commerce, les municipalités, les chambres syndicales et les syndicats professionnels apportent à toutes ces œuvres leur concours le plus dévoué, et que, par leur initiative, ils provoquent ou secondent l'action des pouvoirs publics, de toutes les institutions et de toutes les personnes qui s'intéressent au progrès de l'industrie nationale.

Le congrès, appréciant les résultats obtenus dans les cours techniques professés à Paris et dans plusieurs grandes villes par les associations libres d'enseignement populaire, appelle l'attention des syndicats et, en général, de tous les intéressés sur le précieux concours que ces sociétés sont susceptibles de leur prêter.

En matière commerciale : 1° Le congrès émet également le vœu que des cours du soir soient créés en plus grand nombre et que les chefs de maison engagent leurs employés à les suivre.

2° Le congrès demande que des écoles commerciales semblables à celle qui existe à Paris, avenue Trudaine, soient fondées dans les principaux centres; que les écoles primaires supérieures soient transformées en écoles professionnelles, avec cours commerciaux, partout où l'on reconnaîtra qu'il est possible et utile de les établir; que les chambres de commerce, les chambres syndicales, s'intéressent activement à ces fondations et qu'elles envoient des délégués aux examens.

3° Le congrès désire que l'enseignement des langues vivantes soit rendu plus pratique; que l'enseignement de la sténographie soit plus répandu.

4° Le congrès émet le vœu qu'au moyen de correspondances suivies une union s'établisse entre les écoles commerciales françaises et que des relations soient entretenues entre ces écoles et les écoles étrangères de même ordre.

On voit quel est, en matière d'enseignement, le nombre, quelle est l'importance des questions abordées et résolues par le congrès. Nous avons tenu à les mentionner toutes, mais il y a trois points sur lesquels il nous paraît utile d'appeler spécialement l'attention de nos lecteurs :

I. — Le comité d'organisation avait proposé au congrès, en rédigeant le programme de ses travaux, d'élaborer une *définition* de l'enseignement technique. C'était l'engager dans une entreprise dont le succès était bien difficile, pour ne pas dire impossible. Cette entreprise, on l'avait tentée au congrès de l'enseignement technique qui s'était tenu à Bordeaux en 1886, et elle n'avait pu aboutir. Il a semblé qu'on n'obtiendrait pas cette fois un meilleur résultat. Après avoir longuement discuté, tant en séance de section qu'en séance générale, après avoir à plusieurs reprises renvoyé au bureau le soin de chercher et de proposer une rédaction acceptable, on s'est finalement aperçu qu'on n'arrêtait pas une définition dans une assemblée délibérante composée d'une centaine de personnes, et on a renoncé à une tentative condamnée d'avance à un échec inévitable. Mais, en même temps qu'on abandonnait l'idée d'une définition philosophique correspondant plus ou moins exactement à la nature de l'enseignement technique, on s'est, fort heureusement, croyons-nous, arrêté à la pensée d'établir une sorte de convention sur le sens qu'on devrait, à l'avenir, attribuer aux expressions au moyen desquelles cet enseignement est dénommé. Cette substitution d'une convention à conclure, au lieu de la définition qu'on songeait d'abord à fixer, a fait disparaître toute difficulté, et l'on s'est alors entendu sans trop de peine. Il a été, en conséquence, décidé que les mots d'*enseignement professionnel* seraient employés dans un sens large pour désigner tout enseignement, soit théorique, soit pratique, soit théorique et pratique à la fois, qui aurait pour objet la préparation à une profession quelconque, voire même à une profession libérale; qu'au contraire, les mots d'*enseignement technique*, quand ils ne seraient suivis d'aucune épithète, ne s'appliqueraient qu'à l'enseignement industriel et à l'enseignement commercial. Quant à l'agriculture, lorsqu'on voudrait parler de l'enseignement qui s'y rapporte, on préciserait par l'adjonction de l'épithète *agricole*, en disant, par exemple, *enseignement professionnel agricole*, *enseignement technique agricole*, ou *enseignement agricole*, tout simplement.

Telle est, sur cette question très importante de la signification à donner à des mots dont nous nous servons chaque jour, la décision prise, ou, pour parler plus exactement, le vœu émis par le congrès. On pourra sans doute en critiquer les termes; on pourra soutenir qu'ils ne sont pas en rapport parfait avec la nature des choses ni avec le sens étymologique des expressions qu'on emploie; mais, encore une fois, il ne s'agit pas là d'une définition philosophique, mais d'une simple convention ayant pour objet de permettre aux hommes qui s'intéressent à ces matières, qui les traitent, soit par la parole, soit par la plume, de s'entendre aisément entre eux. Cette convention ne lie évidemment personne : un congrès n'a aucun moyen de contrainte pour imposer à qui que ce soit l'observation des résolutions qu'il a cru bon de prendre; mais nous pensons qu'on fera bien d'en tenir compte et de s'y conformer. Si tous ceux qui, à un titre quelconque, publicistes, industriels, commerçants, universitaires, s'occupent d'enseignement professionnel et d'enseignement technique, prenaient une bonne fois la résolution ferme de n'employer ces mots, soit dans leurs discours, soit dans leurs écrits, qu'avec le sens qu'a adopté le congrès de 1889, dont étaient membres tant d'hommes compétents, nationaux et étrangers, que de malentendus seraient évités, et de combien de discussions oiseuses nous ferions l'économie!

II. — On a lu plus haut le texte du vœu émis par le congrès en ce qui concerne l'enseignement du travail manuel à l'école primaire élémentaire. Cet enseignement, que les membres du congrès seraient heureux de voir se répandre le plus possible, ne doit être, à leurs yeux, qu'un moyen pédagogique, que le complément d'un bon système d'éducation générale. L'instituteur, qui a sous sa direction des enfants de six à treize ans, ne doit chercher, en les faisant travailler de leurs mains, qu'à développer leur activité, à leur faire acquérir de la dextérité, à leur inspirer le goût des occupations manuelles, à éveiller en eux l'esprit d'observation et à découvrir leurs aptitudes naturelles; mais ces travaux ne doivent pas encore, pour des écoliers de cet âge, avoir le caractère professionnel. L'école élémentaire peut et doit préparer l'enfant à recevoir l'enseignement technique, mais c'est plus tard seulement, c'est dans des établissements d'instruction d'un degré plus élevé, à l'école primaire supérieure ou à l'école d'apprentissage, que cet enseignement pourra être utilement commencé.

Nous ne pouvons qu'applaudir à ces résolutions, tout à fait conformes aux idées que nous avons exposées nous-même[1], conformes aussi aux votes émis par les hommes d'enseignement, d'abord en 1885, au congrès du Havre, tout récemment encore au congrès international de l'enseignement primaire dont la session vient d'avoir lieu à la Sorbonne.

Ce n'est pas que, sur cette question, nous n'ayons eu affaire, au congrès technique, à des exagérés, car on ne manque guère d'en trouver partout. Nous avons notamment, dans une des séances de la section industrielle, entendu la lecture d'un mémoire dont l'auteur, prenant le contre-pied de toutes les idées généralement reçues, critiquait, comme trop élevé et comme peu efficace en raison du petit nombre d'élèves qui peuvent en profiter, l'enseignement technique donné dans les écoles primaires supérieures, et proposait d'organiser cet enseignement dans toutes les écoles élémentaires publiques. Non seulement le dessin et le modelage feraient nécessairement partie du programme de ces écoles, mais, dans des ateliers bien outillés, les enfants

1. Voir ci-dessus, page 209.

seraient exercés aux travaux manuels pendant quatre, huit ou douze heures par semaine, suivant le cours auquel ils appartiennent. Si l'on manquait de temps, on prendrait le jeudi pour ce surcroît de besogne. Dans les écoles où existerait un cours complémentaire, on enseignerait la technologie industrielle et commerciale.

On n'a pas manqué, comme bien on pense, de faire observer à ce partisan fanatique de l'enseignement industriel que les programmes de nos écoles étaient déjà bien chargés; qu'en raison de l'irrégularité de la fréquentation et de l'abandon prématuré de l'école, l'instituteur avait déjà bien de la peine à s'acquitter de sa tâche et à donner aux enfants confiés à ses soins, outre le minimum de connaissances indispensable, l'éducation générale à laquelle il doit surtout s'attacher; que jusqu'à douze ou treize ans, l'enfant manque des forces physiques nécessaires pour les travaux d'atelier; qu'il ne pourrait que se fatiguer, se dégoûter et se gâter la main pour le jour où il serait capable de commencer sérieusement son apprentissage; que cette multiplicité d'ateliers « bien outillés » supposerait des dépenses considérables auxquelles, surtout en ce moment, ne pourraient suffire ni le budget de l'État ni les ressources des communes; que d'ailleurs, dans les écoles rurales, l'installation d'ateliers où l'on ferait travailler aux élèves le fer et le bois serait non seulement inutile, mais souvent même dangereuse, en contribuant à accélérer le mouvement dont on s'alarme à si juste titre et qui porte les habitants des campagnes à émigrer vers les villes. Toutes ces raisons de bon sens et d'expérience l'ont facilement emporté, et, quand on est venu au vote, nous avons eu la satisfaction de constater que l'auteur du mémoire dont il s'agit était seul de son opinion.

On peut donc, et nous nous en louons, considérer comme une vérité acquise, également adoptée par les hommes techniques et par les pédagogues, que l'enseignement technique ne saurait être donné dans les écoles primaires élémentaires, mais que les enfants qui fréquentent ces écoles peuvent être préparés à recevoir plus tard ce genre d'enseignement.

III. — Les travaux du congrès ont été moins complets en ce qui concerne l'organisation de l'enseignement industriel et commercial dans les écoles primaires supérieures. La section industrielle a entendu une très intéressante communication de M. Ollendorf, directeur de l'enseignement technique, sur la loi du 11 décembre 1880; sur les difficultés qui en avaient longtemps retardé l'application, sur les circontances dans lesquelles un accord s'est établi entre les deux ministères de l'instruction publique et du commerce et de l'industrie et a été consacré par les décrets en date des 17 mars et 28 juillet 1888; sur la constitution du corps de l'inspection de l'enseignement technique; sur les efforts faits de concert par les deux administrations compétentes pour rechercher, au moyen d'une enquête générale, sous quelle forme et dans quelle mesure pouvaient être modifiés, selon les localités, l'organisation et les programmes d'études des écoles primaires supérieures dans le sens professionnel; enfin sur les dispositions favorables à cette transformation que contient la nouvelle loi relative aux dépenses ordinaires de l'instruction primaire et aux traitements du personnel de ce service. Le congrès, comme on l'a vu, a en outre demandé que les travaux et exercices manuels fussent aussi développés que possible dans les écoles primaires supérieures, et qu'on multipliât le nombre des écoles d'apprentissage. Mais ce ne sont là que des indications et des formules un peu trop générales. Il ne manquait pas d'autres questions à aborder. Convient-il d'opérer partout la transformation des écoles primaires supérieures en écoles professionnelles? Là où cette transformation sera jugée nécessaire, dans quelles conditions aura-t-elle lieu? Sera-t-elle complète, ou ne laissera-t-on pas, dans plusieurs localités, subsister, à côté de l'enseignement technique, l'enseignement primaire supérieur proprement dit? L'enseignement technique devra-t-il être, dans une école déterminée, spécialisé dans le sens industriel, commercial ou agricole, ou bien ne faudra-t-il pas admettre dans bien des cas l'organisation de sections diverses? Doit-on soumettre aux mêmes règles, comme le prescrit notamment le décret du 28 juillet 1888, les écoles primaires supérieures professionnelles et les écoles manuelles d'apprentissage, ou au contraire ne serait-il pas bon d'édicter pour ces deux catégories d'établissements deux régimes distincts? Comme on le voit, ce ne sont pas les sujets d'étude qui manquent, et nous pourrions encore en indiquer d'autres, surtout si nous voulions nous occuper de ce qui concerne l'enseignement des filles. Toutes ces questions, le congrès ne les a pas examinées. Le temps d'ailleurs lui aurait fait défaut. La durée de la session n'a été que d'une semaine, et pour ce court espace de temps le programme proposé était, à notre avis, un peu vaste, un peu encyclopédique. Il avait, il est vrai, en raison même de cette étendue, l'avantage d'intéresser plus de gens, et surtout d'avoir, comme il convenait, un caractère international. En revanche, il ne permettait pas de se livrer à une étude très approfondie de tous les points qu'il pouvait sembler utile de discuter, surtout lorsqu'il s'agit de questions qui, comme celles dont nous venons de faire une énumération rapide, ont, il faut bien le reconnaître, un intérêt d'actualité un peu spécial à notre pays.

Toutefois, sur ces diverses questions, un certain nombre de propositions avaient été déposées sur le bureau : elles ont été à peine abordées; quelquefois même il a fallu les laisser entièrement de côté. Un groupe de directeurs d'écoles primaires supérieures, adhérents au congrès, demandait qu'on distinguât nettement les écoles primaires supérieures professionnelles des écoles manuelles d'apprentissage et qu'on adoptât à cet effet les définitions suivantes :

« L'école manuelle d'apprentissage est celle qui reçoit les enfants ayant fait choix d'une profession :

elle prépare à une ou plusieurs professions similaires. L'école primaire supérieure professionnelle est celle qui reçoit des enfants dont la majeure partie n'ont pas encore fait choix d'une profession; elle doit rechercher et développer leurs goûts et leurs aptitudes, de façon à les guider dans ce choix, puis leur donner un enseignement théorique et pratique approprié. »

Les mêmes membres proposaient l'adoption des vœux suivants :

« 1° Création, dans les écoles primaires supérieures professionnelles, d'un cours préparatoire, destiné à assurer plus d'homogénéité dans les classes et à préparer les élèves à recevoir avec plus de fruit l'enseignement technique;

« 2° Maintien, à l'école primaire supérieure professionnelle, chaque fois que l'utilité en sera reconnue, d'une section d'enseignement primaire supérieur proprement dit, où seront conservés les programmes actuels;

« 3° Dans les sections professionnelles, trois heures au moins pour chaque jour de classe seront réservées à l'instruction générale. »

Enfin les auteurs de ces propositions en présentaient une dernière ainsi conçue :

« Considérant que la gratuité semble nuire au recrutement des écoles primaires supérieures, à la valeur des études, et avoir une fâcheuse influence sur les résultats définitifs, les membres soussignés demandent au congrès d'émettre le vœu qu'en ce qui concerne ces écoles la gratuité soit supprimée, mais que des bourses en nombre suffisant soient créées en faveur des élèves nécessiteux. »

Cette proposition, qui soulève une question fort grave, a été très heureusement développée et soutenue devant la section industrielle par un des membres qui l'avaient signée : bien que la section parût favorable à l'idée qu'elle contenait, on a dû cependant l'écarter, comme étrangère à l'ordre du jour.

Il en a été de même d'une autre proposition tendant à ce qu'il soit annexé à l'école primaire de chaque chef-lieu de canton une école professionnelle et technique d'agriculture, où un certain nombre d'enfants ayant terminé leurs études primaires recevraient un enseignement les préparant à la profession d'agriculteur et qui serait le complément de celui qui leur a été donné à l'école communale; en outre, un enseignement théorique agricole remplaçant avec avantage l'apprentissage qu'ils font aujourd'hui dans des conditions plus ou moins favorables chez les cultivateurs. Ce vœu, quel qu'en pût être l'intérêt, n'a pas été mis en discussion, comme ne se rapportant pas à l'enseignement technique tel que le congrès l'avait d'abord défini.

Nous avons achevé d'exposer, aussi complètement et aussi fidèlement qu'il nous a été possible de le faire et dans la mesure que nous nous étions fixée en commençant, l'œuvre du dernier congrès de l'enseignement technique. Nous ne voulons pas terminer ce compte rendu sans insister sur le caractère de ce congrès, qui a réuni dans une cordiale et sympathique collaboration deux groupes d'hommes jusqu'alors trop étrangers les uns aux autres; d'une part ceux qui se sont consacrés à l'industrie ou au commerce; d'autre part, ceux qui ont fait de l'enseignement l'occupation de leur vie. Jusqu'à présent, nous ne nous sommes pas, les uns et les autres, assez fréquentés, assez connus; nous avons trop vécu chacun chez soi. Alors qu'on ne concevait pas d'autre enseignement que celui de l'école primaire élémentaire et, au-dessus, l'enseignement du lycée et du collège où l'on allait faire « ses humanités », à une époque où l'enfant, son instruction première une fois achevée, n'avait d'autre alternative que d'être mis au latin ou au grec ou de commencer aussitôt, par la pratique même, l'apprentissage d'un métier, cette séparation, ce divorce entre les hommes techniques et les hommes d'enseignement n'était que regrettable, parce qu'il pouvait faire naître dans les esprits des préventions, des défiances le plus souvent mal justifiées; aujourd'hui il serait funeste : car, depuis qu'associant l'atelier à l'école, on a organisé pour la masse des travailleurs un enseignement supérieur à celui de l'école primaire, mais de même nature, et qui, tout en donnant au futur ouvrier, au futur employé, au futur cultivateur, un complément d'éducation générale, lui permet d'acquérir en même temps les connaissances pratiques nécessaires à l'exercice de la profession qu'il a choisie, il est indispensable, pour le succès de cette œuvre nouvelle, que tous, industriels, négociants, universitaires, nous y collaborions avec une parfaite entente, apportant les uns et les autres notre compétence spéciale, nous complétant et nous éclairant mutuellement. Eh bien, cette entente, cet accord, cette communion d'idées, de sentiments et d'efforts, que nous désirons, quant à nous, si ardemment, nous avons eu la satisfaction profonde de la voir se manifester avec éclat dans ce congrès technique de 1889, que présidaient l'homme le plus considérable de notre Université de France, nous avons nommé M. Gréard, et le directeur de l'enseignement technique au ministère du commerce et de l'industrie, M. Gustave Ollendorf; auquel prenaient part côte à côte les inspecteurs de l'enseignement industriel et commercial et les inspecteurs du ministère de l'instruction publique, les directeurs et les directrices de nos grandes écoles techniques et les instituteurs et les institutrices placés à la tête de nos plus importantes écoles primaires supérieures, des ingénieurs, des chefs de maisons de commerce et les délégués des principales sociétés d'instruction populaire, tous animés du même bon vouloir, du même désir sincère de travailler utilement, de concert, à la bonne organisation, au progrès, au développement de notre enseignement technique, sans pourtant sacrifier l'éducation générale. C'est là un fait digne de remarque, et le congrès qui vient d'avoir lieu n'aurait-il produit que ce résultat de nous rapprocher, de nous unir, de nous inspirer une sympathie et une estime réciproques, que nous devrions nous en féliciter hautement.

L'ENSEIGNEMENT PROFESSIONNEL

SES RÉSULTATS; RÉFORMES PROPOSÉES

[Une commission spéciale, composée de représentants du ministère de l'instruction publique et du ministère du commerce, a été chargée de procéder à une enquête au sujet de l'organisation et du fonctionnement des trois écoles nationales professionnelles établies à Vierzon, à Armentières et à Voiron. Par l'organe de son président, M. l'Inspecteur général Martel, cette commission a adressé aux deux ministres intéressés un rapport dont il a paru intéressant d'extraire les pages qui vont suivre. Les directeurs et directrices des écoles primaires supérieures ayant le caractère d'écoles professionnelles y trouveront des indications qui les aideront à rendre de plus en plus pratique l'enseignement donné aux élèves qui fréquentent ces établissements.]

... Parmi les diverses destinations auxquelles peuvent songer les élèves et leurs parents, il en est une sur laquelle nous nous arrêterons tout d'abord. Nous voulons parler de l'entrée dans les écoles d'arts et métiers ou dans les écoles de mécaniciens de la marine. La préparation de ces concours se fait dans les écoles nationales de Vierzon, de Voiron et d'Armentières depuis que ces établissements existent, et elle s'y fait bien : les résultats obtenus chaque année aux examens le prouvent. Cette préparation doit continuer, mais des précautions sont à prendre. Par une ambition toute légitime et qu'on ne saurait condamner, tout en réagissant contre les fâcheux effets qu'elle peut produire, les parents désirent pour la plupart élever leurs enfants, dans l'échelle des conditions sociales, au-dessus de la position qu'ils occupent eux-mêmes. Envoient-ils leurs fils dans une école professionnelle, nationale ou autre, ils voudront presque tous que l'enfant, après ses trois années de scolarité, sorte élève de Châlons, d'Aix, d'Angers, de Toulon ou de Brest. Déjà l'école de Cluny, qui ne forme que des contremaîtres, est moins recherchée. Parle-t-on de travailler tout simplement pour apprendre sérieusement un métier et devenir à seize ans un bon ouvrier, on ne trouve que peu de pères ou de mères à qui cette perspective agrée. Or, si nous considérons d'une part que les examens d'entrée aux écoles d'arts et métiers ou des mécaniciens de la flotte supposent, notamment en mathématiques et pour d'autres matières, des études théoriques poussées assez loin, auxquelles ne sont pas aptes tous les écoliers, dans lesquelles même ne réussit qu'une minorité; d'autre part, que nous avons en France pléthore de candidats, alors que l'industrie, surtout dans les corps de métiers d'un exercice difficile, délicat, manque de bons ouvriers au point d'être parfois obligée de faire appel au concours de travailleurs de nationalités étrangères, nous sommes naturellement conduits à penser que le rôle de l'État, dans l'intérêt du pays comme des enfants eux-mêmes, est de ne laisser s'engager dans la voie de la préparation aux écoles que des jeunes gens chez qui auront été constatées des aptitudes marquées et à qui l'on reconnaîtra des chances sérieuses de réussite. Ne point augmenter le nombre si considérable des déclassés, des gens mécontents de leur sort, déçus dans leurs espérances d'avenir, telle doit être notre préoccupation constante.

Si l'on admet ces idées, dont personne aujourd'hui, croyons-nous, ne conteste la justesse, la règle de conduite à suivre dans nos écoles nationales pour la préparation aux écoles de la flotte ou des arts et métiers est tout indiquée. Il faut d'abord n'entamer cette préparation qu'après une première période de scolarité que nous fixerons à deux ans, et durant laquelle directeur et professeurs pourront se rendre compte des aptitudes de leurs élèves. C'est donc seulement en troisième année que sera établie une section de préparation aux écoles dont nous parlons. Sur ce point, nous ne proposons aucun changement à ce qui existe : l'organisation que nous recommandons est celle que l'on a adoptée à Vierzon, à Armentières et à Voiron. Nous ne voyons qu'une amélioration à signaler : nous demandons qu'à la fin de la deuxième année, outre l'examen de passage réglementaire, on fasse subir à tout élève demandant à entrer dans la section de préparation aux écoles un examen très sérieux, et qu'une sélection sévère soit faite; que ce soit une règle établie et dont les parents soient prévenus tout d'abord, que l'admission dans la section de préparation aux écoles ne saurait être que la récompense de l'intelligence et du travail. Dans cette section de troisième année, les programmes seraient naturellement en rapport avec ceux des concours auxquels les élèves se destinent : on y ferait autant d'études abstraites et théoriques qu'il serait nécessaire. Ces études seraient au contraire fort réduites dans les deux premières années, dont l'enseignement aurait un but éminemment utilitaire et pratique : on se garderait soigneusement d'imposer, comme on le fait trop souvent, pour décharger le programme de troisième année, à tous les élèves de deuxième et même de première, à ceux-là mêmes qui ne songent qu'à apprendre une profession manuelle et à acquérir un complément d'instruction générale approprié, une dose de théorie scientifique dont ils n'auront jamais que faire, et cela en sacrifiant quantité de notions usuelles qui leur seraient indispensables.

En résumé, deux années d'études générales, plus pratiques que théoriques ; à la fin de la deuxième année, sélection rigoureuse des élèves qu'en troisième année on préparera aux concours d'entrée dans les écoles d'un degré supérieur : préparation intensive d'un petit groupe de jeunes gens soigneusement choisis et reconnus aptes à donner la somme d'efforts nécessaire pour réussir ; pour les élèves qui, restant à l'école, ne sont pas admis dans la section spéciale, continuation, dans la troisième année, de l'instruction professionnelle, suivant les industries de la région et conformément aux distinctions sur lesquelles nous reviendrons plus tard.

Tel nous paraît être le cadre de l'organisation à adopter.

. . . .

Les défauts essentiels de l'enseignement de ces écoles nous paraissent être les suivants : on n'a pas assez nettement renoncé au système qui consiste, sous prétexte de culture générale, à vouloir que nos élèves touchent à tout sans rien approfondir, sans pouvoir s'arrêter dans leur course rapide à travers des programmes trop touffus, sans avoir le temps de s'assimiler la dose excessive de nourriture intellectuelle dont les professeurs à l'envi les gavent et les étouffent. On n'a pas assez résolument fait le départ des matières dont l'enseignement est indispensable et de celles qui, utiles sans doute à certains égards, sont cependant, pour les élèves à qui l'on a affaire, un luxe auquel on doit savoir renoncer : telles notamment les langues vivantes. Enfin, et c'est là surtout ce qui aggrave le mal, ce qui appelle un prompt remède, la mise en œuvre des programmes a été mal assurée par un personnel plein de bon vouloir sans aucun doute, mais souvent mal préparé, n'ayant que des idées très vagues sur la tâche qu'il avait à remplir, et d'ailleurs abandonné à lui-même, sans guide, sans conseils, sans inspection d'aucune sorte. Livrés à leur inexpérience, la plupart de nos maîtres, au lieu d'un enseignement général modeste, mais pratique, bien approprié à l'instruction technique que les élèves doivent recevoir, ont fait et font encore des séries de leçons qui ne sont qu'une réduction ou plutôt une contrefaçon maladroite et déplacée des classes de l'enseignement secondaire. Ils se complaisent à des détails sans intérêt : là où tel mot du programme nécessiterait un quart d'heure d'explications, ils s'arrêteront pendant deux ou trois séances. Celui-ci s'attardera sur la poésie au moyen âge et sur la biographie d'auteurs de second ou de troisième ordre, dont il parlait à l'école normale où il enseignait la veille; mais ses élèves connaîtront à peine nos grands écrivains classiques. Celui-là consacrera deux classes à la numération, et ses élèves ne sauront pas se tirer honorablement des exercices les plus simples du calcul mental. Tel autre fera une longue leçon sur la chute des corps, utile seulement pour préparer l'étude des machines d'Atwood et de Morin que les élèves ne verront pas fonctionner. Ailleurs on entendra une leçon entière d'une heure sur le cyanogène, et une autre également sur l'acide prussique : sur ce sujet d'intérêt fort médiocre, on n'oubliera rien de ce qu'on peut trouver dans les plus gros traités de chimie à l'usage des classes supérieures des lycées. Ailleurs enfin, on assistera à une leçon de physiologie dans laquelle le professeur explique des phénomènes qui ont pour fondement des principes de chimie non encore étudiés. Et ainsi du reste. Sur ce point une profonde réforme s'impose.

I. — On devra d'abord alléger les programmes. Il ne faut pas, comme on l'a fait jusqu'à présent dans une certaine mesure, vouloir superposer aux programmes des écoles primaires supérieures, amplifiés même sur quelques points, les programmes des écoles d'apprentissage. De cette erreur résulte une fâcheuse conséquence : les professeurs, qui se plaignent de n'avoir pas assez de temps, et qui dans ces conditions en manquent en effet, travaillent devant leurs élèves et ne les font pas travailler. Ils partagent leur travail en tranches, suivant le nombre d'heures dont ils disposent, et à chaque séance ils traitent la question fixée pour la journée, mais sans pouvoir s'arrêter un instant, sans pouvoir s'assurer qu'ils ont été compris, sans avoir la faculté de reprendre au besoin ce qui serait resté obscur pour les élèves. Ceux-ci, pour la plupart, perdent pied dès le début : après quelques semaines d'efforts, ils se découragent et laissent le professeur aller son train, renonçant à le suivre et se dégoûtant de l'étude théorique, de la classe au travail de laquelle ils ne comprennent plus rien.

II. — Il faudra sacrifier résolument certaines matières d'enseignement, dont les unes disparaîtront complètement des programmes, dont les autres ne seront pas continuées durant les trois années. Les indications de détail qui vont suivre feront connaître nos vues à cet égard.

III. — Il paraît indispensable de préparer dans une commisssion spéciale, et avec le concours des directeurs, de nouveaux programmes qui seront, comme ceux des écoles primaires supérieures annexés aux arrêtés de janvier et août 1893, détaillés et limitatifs.

IV. — On ne devra pas perdre de vue le but essentiel de ces établissements, qui, réserve faite de ce qui concerne la préparation aux écoles des arts et métiers et de la flotte, doit être de fournir à l'industrie de bons ouvriers ou à l'agriculture des praticiens instruits. Il conviendrait donc de donner à l'enseignement professionnel la place la plus importante.

V. — Des instructions précises seront indispensables pour assurer la bonne application des programmes adoptés. Ces instructions pourront être adressées par écrit, mais elles ne seront suivies que si le soin de les faire observer est confié à des inspecteurs spéciaux, qui pourront donner sur place au personnel les conseils et les directions nécessaires.

Morale. — Économie politique. — Le cours de morale ne nous semble devoir être conservé qu'en première et deuxième année. Le programme n'aurait pour objet que la morale pratique : en première année, la morale individuelle et la morale domestique; en deuxième année, la morale sociale. En troisième année, l'enseignement particulier de la morale disparaîtrait : l'heure disponible serait employée à des notions d'économie politique et industrielle.

Cette proposition nous paraît se justifier par les raisons suivantes. On ne doit, avons-nous dit, traiter devant des élèves de treize à seize ans que des questions de morale pratique; il ne faut pas songer à aborder avec eux les problèmes de la morale théorique. Ce serait un travail infructueux. Or, la morale pratique leur aura été exposée à l'école élémentaire; on l'aura reprise à l'école supérieure pendant les deux premières années de scolarité. Va-t-on revenir sur les mêmes questions en troisième année? On le pourrait avec des professeurs très habiles à donner cet enseignement si délicat, et qui devant des jeunes gens d'un âge plus avancé trouveraient sur des sujets déjà traités des choses nouvelles à exposer; mais avec des maîtres peu experts, comme la plupart de ceux sur qui nous devons compter, ce cours de troisième année ne serait qu'une suite de redites qui, loin de profiter à l'instruction morale, fatiguerait l'attention des élèves, les rebuterait comme ferait un médiocre sermon maintes fois entendu. On peut employer plus fructueusement le temps en exposant à ces jeunes gens quelques sujets d'économie politique ou industrielle, dans lesquels il est d'ailleurs possible et opportun d'introduire par endroits le rappel de certaines notions de morale. Il va sans dire que, si l'on ne maintient pas un cours régulier de morale en troisième année, on profitera de toutes les occasions pour rappeler aux élèves les principes de la morale; on continuera à s'inquiéter de leur éducation morale, à laquelle tous les enseignements doivent concourir

Dans les leçons de morale, nous recommandons de consacrer une partie de chaque classe à des lectures faites en commun. Nous séparons nettement de la morale les leçons d'instruction civique que nous rattachons à l'enseignement de l'histoire, comme on l'a fait dans les arrêtés de janvier et d'août 1893 pour les écoles primaires supérieures.

Langue et littérature française. — L'enseignement du français doit comprendre : la grammaire et les exercices orthographiques, la composition française, la lecture et la récitation. Nous sommes d'avis qu'on doit, pour l'orthographe, faire de la dictée un usage moins exclusif, qu'il ne faut employer cet exercice qu'à titre de moyen de contrôle et de revision[1] ; qu'il convient de compléter les connaissances orthographiques et grammaticales des élèves en ayant surtout recours aux exercices recommandés par les programmes officiels des écoles primaires supérieures : excercices sur les mots usuels choisis en vue des difficultés que peut présenter leur orthographe et groupés, tantôt d'après leurs ressemblances ou leurs différences orthographiques, tantôt d'après leur sens ; — exercices analytiques sur des phrases choisies en vue de l'application des règles de grammaire les plus générales et les plus usuelles, de celles surtout que les élèves violent le plus souvent. Ces exercices doivent avoir un caractère collectif et être faits en classe au tableau noir.

Pour la composition française, nous pensons qu'il ne faut pas se proposer un but trop élevé. Que nous habituions ces futurs employés, ces futurs contremaîtres ou ces futurs ouvriers à savoir par écrit exprimer à peu près exactement les idées simples, c'est tout ce que nous pouvons espérer, c'est tout ce que nous devons poursuivre. Vouloir,

1. Voir ci-dessus pages 146 à 153.

comme on le fait, leur demander des travaux de composition ayant au moindre degré un caractère littéraire, c'est chimère : l'expérience en fournit la preuve évidente. Nous voudrions qu'avec les élèves à qui nous avons affaire, on se bornât à des exercices très simples, ressemblant autant que possible au genre de composition qu'ils pourront avoir à faire par la suite : narrations faciles, lettres familières, lettres d'affaires, pétitions, procès-verbaux, comptes rendus, rapports. Nous voulons qu'en cette matière on se place résolument au point de vue utilitaire.

Est-ce à dire que notre enseignement du français n'aura rien d'éducatif? Nullement; mais ce rôle éducatif, auquel nous ne saurions renoncer sans supprimer par cela même ce qu'il y a de plus noble dans notre tâche d'instituteurs, ce rôle, c'est autrement que nous parviendrons à le remplir; nous nous en acquitterons au moyen des exercices de récitation et de lecture, auxquels nous demandons que l'on consacre la plus grande partie du temps réservé pour la langue et la littérature. On ne lit pas assez dans nos classes, et pourtant quels heureux effets auraient pour ces jeunes gens les lectures, non pas tant ces exercices de lecture expliquée, dans lesquels on emploie une heure entière à commenter quelques lignes et qui dégénèrent trop souvent en une répétition des exercices de grammaire, mais les lectures courantes, de longue haleine, ne comportant de-ci de-là que quelques explications indispensables, et dans lesquelles maître et élèves s'abandonnent ensemble à l'intérêt de l'histoire exposée, au charme du morceau choisi! Dans la liste des ouvrages indiqués au programme des écoles primaires supérieures, prendre pour la première année les livres les plus amusants (nous ne craignons pas d'employer ce mot, bien au contraire), le *Gulliver,* le *Robinson,* le *Don Quichotte;* en deuxième année, des volumes d'un ton plus élevé, mais encore récréatifs; avec les plus grands élèves, s'attacher à des auteurs plus graves, et en lire en classe, tout haut, quelques pages par semaine; joindre à cela un choix judicieux de lectures proposées aux élèves pour le jeudi ou le dimanche; enfin, par les leçons de récitation, enrichir leur mémoire de quelques extraits de nos chefs-d'œuvre littéraires, voilà la tâche qui s'impose et que nulle part nous n'avons trouvée bien remplie. On se plaint de manquer de temps, et l'on perd celui dont on dispose à subtiliser sur l'orthographe ou à tenter des exercices de composition beaucoup trop ambitieux, condamnés d'avance à un piteux avortement. Si l'on veut imposer à nos maîtres la réforme que nous préconisons et les obliger à renoncer à de fâcheuses habitudes depuis trop longtemps prises, on aura rendu à ces jeunes gens des écoles professionnelles, qui doivent être un jour l'élite de notre population ouvrière, un signalé service : on aura fait d'eux des hommes sérieux, ayant le goût des lectures bonnes et fortes, et entre les mains de qui l'on trouvera autre chose que la chanson de café-concert ou le supplément illustré de quelque journal à scandale. Qu'il nous soit permis d'ajouter, sans développer cette idée, que ce ne sont pas seulement nos élèves, c'est le pays lui-même que cette réforme intéresse.

Pour terminer avec ce qui se rapporte à l'enseignement du français et de la littérature, nous proposons résolument la suppression des leçons spéciales d'histoire littéraire, auxquelles on consacre encore un temps qui pourrait être employé d'une manière plus fructueuse. Il doit suffire de donner aux élèves quelques indications biographiques et historiques très brèves, à propos des exercices de lecture et de récitation.

. . . .

Écriture. — Nous donnerions à l'écriture une heure en première année, et nous ne pousserions pas au delà cet enseignement, en tant qu'enseignement méthodique ayant sa place à part dans l'horaire. Mais deux questions se rattachent à ce que nous disons ici de l'écriture. Et tout d'abord la question des notes prises en classe. Si quelques professeurs que nous avons inspectés ont le tort de ne faire prendre aucune note au cours de leurs leçons, d'autres, et c'est le plus grand nombre, abusent de ces notes et forcent leurs élèves à écrire à la hâte, fiévreusement, pendant toute la durée de l'exposé oral. Outre que les élèves, en ce cas, sont souvent plus occupés à ne laisser échapper aucune des phrases prononcées par le maître qu'à s'efforcer de comprendre ce qu'il explique, ce qui rend aussi inutile que fastidieux le travail mécanique auquel on les condamne, ce travail a l'inconvénient grave de contribuer à déformer les écritures. Il faut prescrire comme règle que les notes à prendre en classe se réduiront, soit à quelques sommaires résumant l'ensemble d'une leçon ou quelque question spéciale à laquelle le professeur se sera particulièrement attaché, soit à quelques énoncés de théorèmes ou de principes scientifiques suivis de la substance de la démonstration, et que le maître devra éviter d'imposer aux élèves la notation détaillée de ce qu'ils peuvent trouver plus nettement exposé dans les livres de classe mis à leur disposition.

L'autre point qui doit nous arrêter est l'application de l'écriture au dessin. Nous avons trouvé que dans les écoles nationales professionnelles, de même que dans beaucoup d'autres établissements d'instruction, on abusait de l'écriture dessinée. Cet exercice est bon quand on veut former des dessinateurs ou préparer des jeunes gens aux écoles d'arts et métiers. On peut donc le maintenir dans la section spéciale de troisième année ; mais, dans les autres divisions, où l'on forme plutôt des ouvriers, on doit chercher à améliorer l'écriture des enfants; cela, à notre avis, a la plus haute importance : il faut que dans leur carrière industrielle tout ce qu'ils peuvent avoir à faire comme correspondance, comptabilité, rapports et écritures diverses, soit toujours bien présenté. A cet effet, l'écriture en ronde est bien préférable à l'écriture dessinée. Elle est plus courante, elle a meilleur aspect, elle s'apprend plus vite et elle forme mieux la main. En exigeant que sur tous les dessins ou croquis, ainsi que sur tous leurs devoirs, les élèves mettent des titres bien soignés, on arrivera, tout en ne leur donnant que quelques leçons d'écriture en première année, à obtenir à cet égard, à la fin de la troisième année d'études, des résultats très satisfaisants.

. . . .

Dessin. — Relativement aux programmes et aux méthodes, l'enseignement du dessin appelle, en première année, une importante réforme : il doit être dirigé de telle sorte qu'en arrivant en seconde année les élèves soient à même de relever rapidement et proprement le croquis avec cotes exactes de pièces, d'outils, etc., peu compliqués. Nous souhaitons que les professeurs s'inspirent des indications suivantes :

1° *Dessin à vue.* — Il a pour but l'assouplissement de la main et l'éducation de l'œil : par lui l'élève doit apprendre à voir. Les exercices du début porteront sur la représentation de figures à deux dimensions, rectangle, carré, cercle, avec médianes, diagonales, diamètres, etc., réalisés en fil de fer et vus dans diverses positions ; ensuite on représentera les principaux solides géométriques, et l'on continuera par des modèles d'ornements à faible relief (toujours d'après nature), choisis principalement parmi ceux qui trouvent une application dans la décoration du meuble, de la fonte moulée, du fer forgé, etc.

2° *Dessin géométrique.* — Dans les trois écoles nationales le croquis coté commence beaucoup trop tard; il faut l'aborder dès le début, en se bornant à des objets simples. On peut trouver facilement, à l'atelier même et en nombre suffisant, des assemblages, des outils, se prêtant à un relevé peu compliqué : plan, élévation, coupe, et ne nécessitant aucune leçon préliminaire de géométrie descriptive proprement dite.

Nous insistons sur l'utilité de ce genre de dessin pour tous les travaux d'atelier et pour toutes les épures de dessin géométrique, qui ne devraient être généralement que l'application ou la mise au net d'un croquis coté relevé par l'élève lui-même. Il est bon de remarquer en outre que le dessin dont il s'agit est une excellente préparation à l'étude de la géométrie descriptive. Ces observations s'appliquent à la première année; pour la suite de l'enseignement, nous conseillerons de s'en rapporter aux excellentes indications que contient le programme n° 3 des écoles pratiques industrielles de garçons [1].

1. Nous croyons utile de reproduire ici ces indications, que bon nombre de nos lecteurs auraient peut-être quelque peine à se procurer :

DESSIN D'IMITATION

1° L'enseignement sera collectif; les élèves d'une même année exécuteront le même dessin pendant le même temps.

2° Chaque exercice de dessin sera, de la part du professeur, l'objet d'une explication orale préalable accompagnée, s'il est nécessaire, de croquis au tableau.

3° Chaque exercice sera, de la part des élèves, l'objet d'un concours; un numéro de mérite (de 0 à 20) sera attribué à chacun d'eux; ces notes seront reportées sur un registre spécial, et c'est d'après leur total que se feront les classements trimestriels.

4° Les dessins seront exécutés sur papier blanc; on adoptera,

Il convient encore de recommander aux professeurs de dessin de toujours rappeler aux élèves les principes de géométrie dont ils font des applications dans leurs leçons.

Études. — Un mal existe dans beaucoup de nos établissements d'enseignement primaire : on ne donne pas assez de temps au travail personnel des élèves. Les programmes sont étendus : souvent les professeurs les interprètent mal, les allongent démesurément. Pour arriver au bout au mois de juillet, il faut beaucoup de classes, et de longues

pour tous les dessins, la demi-feuille de format raisin (environ 0m,30 sur 0m,40).

DESSIN GÉOMÉTRIQUE

1° L'enseignement sera collectif; tous les élèves d'une même année exécuteront le même dessin pendant le même temps.

2° Chaque exercice sera, de la part du professeur, l'objet d'une leçon orale, accompagnée d'un dessin mural exécuté par lui, soit sur un tableau noir, soit, de préférence, sur une grande feuille de papier, qui ne mesurera pas moins de 1 mètre sur 1m,50.

Ces dessins porteront toutes les cotes de mesure nécessaires.

3° Chaque élève sera muni d'un carnet sur lequel, pendant la leçon orale, il reproduira en croquis le dessin du professeur; c'est d'après ce croquis qu'il exécutera le dessin au net, lorsqu'il y aura lieu de faire un pareil dessin.

4° Les modèles graphiés, individuels, seront proscrits d'une manière absolue : le dessin mural du professeur en tiendra lieu. Si, par exception, lorsqu'il y aura intérêt à montrer aux élèves un exemple de bonne exécution graphique, on juge nécessaire d'avoir recours à un modèle graphié, ce dernier sera en exemplaire unique; il sera affiché dans la salle ou ne fera que circuler parmi les élèves.

5° Chacune des leçons orales indiquées ci-dessus affectera, pour le cours de dessin géométrique, le caractère d'une leçon de technologie, très élémentaire d'ailleurs, pour laquelle les élèves prendront des notes sur la feuille placée en regard de leur croquis et feront une rédaction sommaire qu'ils joindront au dessin au net.

6° En conséquence, ces leçons, et par suite les exercices de dessin qui en seront la sanction, devront s'enchaîner méthodiquement et classes. Les élèves, laissés presque toujours sous la conduite du professeur, n'ont pas le loisir de se recueillir, de réfléchir, de préparer seuls, avec un peu d'effort qui leur serait salutaire, le travail des leçons ou des devoirs. Nous demandons qu'on évite cet abus, et nous signalons la nécessité de disposer l'emploi du temps de façon qu'une heure et demie au moins par jour soit réservée au travail personnel des élèves externes, le temps des études étant nécessairement plus élevé pour les pensionnaires. A ces études devraient assister tous les externes, sauf ceux qui, habitant au loin, seraient dispensés par le directeur.

faire, de la part du professeur, l'objet d'une préparation très sérieuse.

7° Toutes les fois que cela sera possible, la leçon de dessin géométrique se donnera d'après un modèle en relief, dont les élèves feront eux-mêmes le relevé sur leur carnet de croquis. Cela n'empêchera pas le professeur de donner, à l'occasion de ce modèle, la leçon de technologie dont il est question plus haut.

8° Chaque exercice de dessin sera l'objet d'un concours entre tous les élèves. Un numéro de mérite (0 à 20) sera donné pour le croquis, et un autre pour la mise au net; ces notes seront multipliées par des coefficients qui dépendront de l'importance des exercices; elles seront écrites sur un registre spécial, et c'est d'après leur total que se feront les classements trimestriels.

9° Les exercices seront généralement calculés de façon à pouvoir être exécutés dans l'espace d'une semaine. Aucun d'eux ne devra exiger plus de deux semaines pour son exécution. En conséquence, les dessins de grand format seront prohibés. Ces formats ne dépasseront pas la feuille 1/8 grand aigle pour la première année, et la feuille 1/4 grand aigle pour la deuxième et la troisième année. Les carnets de croquis seront du format 1/10 grand aigle. Le papier n'en sera pas quadrillé.

FIN

TABLE DES MATIÈRES

PREMIÈRE PARTIE

CONSEILS AUX CANDIDATS

DEUXIÈME PARTIE

ENSEIGNEMENT

ENSEIGNEMENT GÉNÉRAL, ENSEIGNEMENT PROFESSIONNEL
ET TECHNIQUE

SOCIÉTÉ ANONYME D'IMPRIMERIE DE VILLEFRANCHE-DE-ROUERGUE
Jules Bardoux, Directeur.

www.ingramcontent.com/pod-product-compliance
Ingram Content Group UK Ltd.
Pitfield, Milton Keynes, MK11 3LW, UK
UKHW020206250726
13967UKWH00003B/1302